AF338400

LE PRINCE

LOUIS-NAPOLÉON BONAPARTE

A BOULOGNE

RÉVÉLATIONS

Historiques et Diplomatiques

SUR CET ÉVÉNEMENT

ET SUR SES RAPPORTS

AVEC LA QUADRUPLE ALLIANCE

PAR M. DE C***,

Maréchal-de-camp en retraite, ancien ministre plénipotentiaire, etc.

PARIS

AUGUSTE LE GALLOIS, ÉDITEUR.

—

1840

Imprimerie de POMMERET et GUÉNOT, rue Mignon, 2.

I.

Les événements se pressent et presque même s'entassent pendant l'époque actuelle; chaque semaine, et souvent chaque jour, présente, sous une face nouvelle, la politique moderne : d'où provient cette étrange fluctuation? où allons-nous? que fera-t-on?.que deviendront sous peu la France, l'Europe et le reste du monde?

Il y a moins d'un an que notre gouvernement et celui de l'Angleterre paraissaient unis par le nœud de l'estime et de l'affection sincère, nœud serré en vertu des événements de 1830 et qui ne serait ni défait ni rompu facilement.

Voilà qu'en Orient le sultan de Constantinople meurt, sa fin semble amener la paix entre l'empire ottoman et le vice-roi d'Égypte; tout à coup on apprend que la flotte impériale turque s'est rendue au souverain précaire de l'Égypte : nouvel incident!

La question d'Orient s'obscurcit, la disgrâce d'un ministre (Kosrew-Pacha) va la rendre plus facile à résoudre: voilà qu'un cri de révolte poussé dans le Liban renoue ce qui se déliait, et en même temps les Français apprennent avec autant de dépit, de honte que de colère que quatre

puissances européennes, la Russie, l'Autriche, l'Angleterre et la Prusse, s'unissant par une alliance menaçante,
repoussent loin d'elles la France et élèvent la prétention
insultante de terminer sans elle le conflit élevé entre
Stamboul et le Caire.

A cette insolence nouvelle notre cabinet donne signe
d'existence, il pousse un faible cri de mécontentement, il
parle de punir tant d'outrage, il a l'air de se préparer à la
lutte, et c'est au moment où son réveil apparent lui
donne une autre vie qu'un imprudent ennemi prend l'ini-
tiative et vient renouveler sur la plage de Boulogne la
folle tentative de Joachim Murat sur celle de Pizzo en
Calabre, où ce prince insensé trouva si rapidement la
mort. Son émule, non moins malheureux, a été vaincu
à la première journée, et, quel que soit le sort qu'on lui
réserve à la seconde, pourra-t-il, l'infortuné, dire qu'il
ne l'a pas mérité !

A quel moment le prince Louis Bonaparte est-il descendu sur notre terre inabordable ! C'est lorsque, pour
remplir des devoirs pieux et funèbres, la France, asso-
ciée à son gouvernement, venait à la fois de déposer
dans les voûtes sépulcrales du monument de la Bastille
les ossements sacrés des héros de juillet, et de saluer de
ses cris de joie mélancolique ce jeune fils de roi qui,
malgré les périls de la mer et de la guerre, est parti pour
aller demander au rocher de Sainte-Hélène les reliques
augustes de l'empereur Napoléon !

C'est au moment où des cabinets arrogants nous jettent
l'outrage à la face, lorsque leurs armées déjà s'ébranlent
peut-être pour nous replonger dans l'esclavage, lorsque
le besoin de venger une injure, la nécessité d'honorer la
patrie comme aussi de la défendre commandent impérieusement, par ce qu'il y a de plus saint et de plus solennel, l'oubli du passé et cette union victorieuse, car
elle fait la force, c'est en ce moment, dis-je, qu'un jeune
homme coupable dans son impuissance n'a pas craint de
nous apparaître pour joindre à tant de fléaux menaçants
celui de la discorde et de la guerre civile !..... Ah ! Napo-

léon, vois-tu dans cet aveugle aventurier l'héritier de ton nom, de ta gloire et de tes vertus!

Quoi! lorsque, pour répondre à ce cri belliqueux poussé depuis le septentrion jusqu'à l'orient et à l'occident de l'Europe, lorsque, pour rejeter loin de nos mains indépendantes ces chaînes si lourdes sous lesquelles tombent écrasées et souillées la Pologne, cette France du Nord, l'immense Allemagne, notre sœur d'origine et notre bien-aimée de sympathie, la Turquie, la Grèce et les deux Indes, limitrophes du Gange, nous, Français, qui avons besoin de n'être qu'un peuple 'et qu'une seule famille, on tend à nous disjoindre par violence et à nous précipiter dans ces luttes intestines dont le résultat trop certain est l'énervement, la lassitude et la soumission honteuse aux lois liberticides des superbes et odieux étrangers:

La mort appelant au trône de Prusse un prince jusqu'alors ennemi de notre nation et parent de ce czar si formidable et qui nous hait parce que nous adorons la liberté et que nos pleurs protestent contre l'asservissement sanglant de la Pologne, la mort, dis-je, travaille en Europe contre nous : au monarque sage qui naguère régissait le Danemarck elle a substitué un contempteur de nos idées généreuses. N'a-t-elle pas frappé à notre détriment, à Constantinople, cet empereur qui, régnant par lui-même, nous comptait avec raison au rang de ses amis et de ses protecteurs réels? En Portugal, où la fortune avait appelé un prince français, le noble fils d'Eugène, ne s'est-elle pas hâtée de le faire descendre au tombeau? et là ne règne-t-il pas à sa place un prince de cette maison de Cobourg, notre ennemie si acharnée depuis 1792? Un autre Cobourg dont la postérité régira l'Angleterre, déjà si fière de son influence et de la suprématie qu'elle prétend exercer sur les mers, est à nos portes... Partout nos ennemis nous environnent... Avons-nous en Bavière un allié fidèle et reconnaissant? Je ne le crois pas... Le ministre qui gouverne l'empire d'Autriche enveloppe la France dans la haine personnelle qu'il avait voué au grand

Napoléon...., La Hollande nous est hostile.... Notre seule alliée sincère (l'Espagne), dévorée par des divisions incessantes et presque d'anthropophages, loin de pouvoir nous être utile, est à notre charge; car chez elle nous avons à la défendre contre elle-même, et chez nous son chancre nous dévore, car nous avons à nourrir ses parricides enfants..... Enfin, à nos portes encore, quel fonds pouvons-nous faire sur le Piémont?.... La Suisse ne laissera-t-elle pas violer de nouveau sa neutralité à la première sommation?... Pour achever ce tableau sinistre, voyez les Provinces rhénanes comme autant de têtes de pont et de forteresses avancées par lesquelles les cabinets jaloux se flattent d'inonder nos plaines de leurs bataillons sacriléges *.

Quel avenir nous est-il réservé? quelle main hardie et habile a-t-elle poussé sur notre territoire l'héritier inconsidéré de la famille de Bonaparte (je ne dis pas celui de *Napoléon*)? La quadruple alliance! — Serait-ce vrai? — Tout le prouve. — Mais la preuve? — La preuve! je vais vous la donner..... Écoutez-moi, Français, et comprenez qu'à cette heure fatale, mais non désespérée, nous serons invincibles si le faisceau de l'unité n'est pas disjoint. Ne soyons ni légitimistes, ni philippistes, ni napoléonistes, ni républicains, soyons enfants de la patrie, ne voyons qu'elle dans le gouvernement actuel, et, devrait-on le haïr, ce n'est ni le moment de le dire ni celui de le prouver, car tout autre qu'on nous offrirait serait un leurre, et certes je ne compte pas parmi ses dévoués, mais je suis Français avant tout, et aujourd'hui honte et malheur à celui d'entre nous qui voudra être autre chose!

Cela dit, j'entre en matière, et, de par Dieu, écoutez mes révélations; elles sont curieuses et importantes.

---

* Voyez, à ce sujet, la brochure pleine d'intérêt que vient de publier M. Venedey sous le titre de *La France, l'Allemagne et les Provinces rhénanes; de leur position respective en cas d'une guerre prochaine.* — Paris, chez tous les libraires.

II.

La révolution de juillet 1830 est devenue le cauchemar permanent des monarques européens; elle leur apparaît, après dix ans d'éloignement, menaçante comme à sa première heure; c'est elle, ce sont ses principes que l'on voudrait anéantir; car, tant qu'elle et eux existeront, ce sera l'épée de Damoclès suspendue sur les têtes royales. Les détruire maintenant, les extirper du cœur de l'immense majorité des Français (car c'est une vérité qu'il faut reconnaître) est impossible désormais, et la liberté en France et l'égalité ne sont aujourd'hui et ne seront jamais qu'une masse compacte qui chaque jour enfonce de plus en plus dans les cœurs ce coin puissant.

Donc, puisque les principes ne peuvent plus disparaître dans cet espace de l'Europe que bornent l'Océan, les Pyrénées, la Méditerranée, les Alpes, le Rhin et la Belgique, il faut que la nationalité de la France disparaisse, qu'elle soit scindée, et, en attendant qu'il y ait un royaume d'Aquitaine pour les Bourbons, un empire du centre pour les Bonapartes et une Austrasie olygarchique pour certains républicains, il faut que les querelles intestines, les divisions d'intérêts, les discordes civiles préparent les voies, enfin que d'autres pommes d'or, lancées parmi nous, en nous préoccupant pour le partage, non-seulement ferment nos yeux sur les périls d'une invasion étrangère et de coalition, mais encore portent les insensés parmi nous à solliciter ces mêmes ennemis de venir jouer dans nos provinces le rôle d'alliés, en attendant que, le masque brisé, ils adoptent celui de maîtres et de despotes.

Ainsi déjà on fit arriver sur nos plages Mme la duchesse de Berry, ainsi par elle, aveuglée, jouée, trompée, on espérait embraser le Midi et l'Ouest, tandis que l'on confierait à un jeune étourdi le soin de troubler la paix de l'Est et du Nord, tandis que des révoltes républicaines seraient le volcan qui ravagerait le centre et Paris.

A Vienne le prince de Metternich, à Saint-Pétersbourg la volonté impériale, à Berlin cette noblesse si mesquine en 1806, si jactante en 1814 et 1815, à Londres enfin le parti torys sont les chefs agissants de la grande conspiration européenne contre la France, et le chef-lieu des conjurés est le château du roi à La Haye, en Hollande, où le roi Guillaume d'Orange est l'Agamemnon caché de cette ligue impie ; c'est lui qui, pour récupérer la Belgique, veut notre ruine ; c'est, en un mot, l'araignée politique qui dispose la toile fatale et qui tend ses rets.

Cette conspiration royale et déloyale, à laquelle cinq souverains couronnés se réunissent plus ou moins ostensiblement, fut créée, en décembre 1830, dans une entrevue qui eut lieu en Autriche. Lord C***, agent du cabinet de Saint-James, le comte de B***, ministre plénipotentiaire prussien, M. D***, envoyé secret de la Russie, et le sieur Wan M*** en posèrent les premiers fondements. On se flattait d'y rallier tout les souverains, mais dans le premier moment on trouva des obstacles dans la politique de plusieurs cours.

Celle d'Espagne, par exemple, ne voulait pas se montrer hostile à la France au moment où l'illégitimité allait transporter à une fille de Ferdinand VII la couronne héritage de don Carlos. Le roi de Danemarck refusa pareillement, ainsi que son voisin, le roi de Suède. Le nouvel État de Belgique ne se prononçait pas non plus contre le seul appui qu'il avait en Europe ; car, par la force des choses et malgré ce qui a lieu aujourd'hui, la Belgique ne doit avoir d'indépendance que grâce au concours de la France. Enfin les rois de Sardaigne et de Naples se reculèrent aussi de la coalition.

La force de celle-ci n'était donc ni compacte ni complète ; car, même en Angleterre, les wights penchaient vers nous, les torys seuls nous faisaient la guerre. Cependant le prince de Metternich et les autres ne désespérèrent pas de reconstituer plus tard la coalition de 1814 et 1815. Ce comité, véritable pouvoir occulte, s'empressa de ranimer chez nous les carlistes et les républicains; une foule d'émissaires étrangers ou des Français vendus, souvent égarés, devinrent les intermédiaires entre les esprits inquiets du dedans et les agitateurs du dehors.

Parmi les étangers investis de cette fonction honteuse on citait les Anglais R... H***, S... S***, Y... S***, le sieur B....k; les Polonais traîtres K***, le chevalier sir L...ton, M. O'M..ny; les Russes comte D***, sieur R...k; les Polonais traîtres K***, W... Kow, S...na; les Allemands Mor..., Sch..., Ros... et nombre d'autres. Quant aux agents français, carlistes, impérialistes et républicains, ce furent ceux que l'on a vus impliqués dans toutes les conspirations de cette époque.

On ne négligea ni la Bretagne ni la Vendée. Quatre ministres *plénipotentiaires* (disait-on) et secrets se rendirent d'abord auprès de Charles X, dont le bon sens et le chagrin se refusèrent à entrer en négociation avec eux. Ce roi exilé dit au principal de ceux-là :

« Si votre maître voulait embrasser ma cause, il ne « devait pas reconnaître le duc d'Orléans en qualité de « roi des Français. Je veux bien remonter sur mon trône « s'il est possible, mais je ne veux pas que mon nom « serve de levier pour soulever et détruire la France. Je ne « m'allierai qu'au roi qui me reconnaîtra officiellement « en ma qualité de roi de France et de Navarre. »

M. le Dauphin, Mme la Dauphine tinrent le même langage. Par malheur, Mme la duchesse de Berry fut plus crédule; elle donna sa confiance à ces brouillons, qui aussitôt se hâtèrent de la séparer de la famille royale exilée, afin que celle-ci n'éclairât pas leurs manœuvres.

La mère du duc de Bordeaux écrivit à la même époque à un homme distingué du Midi une lettre où il y avait textuellement ces phrases :

« Ayez bon espoir, je ne suis plus isolée; quatre fortes « maisons de commerce, les premières de l'Europe, me « secondent dans mon entreprise; elles me fournissent « les fonds, les marchandises (*armes et munitions*), et, s'il « me manque des commis (*des soldats*), elles m'en céderont

« des leurs ; mais je n'en veux pas, ne voulant faire aller
« ma maison (*mon entreprise*) qu'avec le secours de nos
« anciens commis, amis et associés. »

On sait où aboutirent ces intrigues, ces promesses et
ces espérances : à la captivité de Blaye et à la honte qui
s'ensuivit.

Les républicains ne furent pas non plus laissés en arrière de la trame. D'abord on circonvint les chefs, alors
repoussés et mystifiés par la nouvelle cour : ces chefs
étaient MM. de Lafayette et Jacques Laffite.

Un ex-ministre de Charles X écrivait, en 1836, à un de
ses amis :

« De 1814 à 1830, dans toutes les conspirations jaco-
« bines, républicaines ou bonapartistes (celles-ci passage
« pour aller à celles-là), on finissait, à force d'investiga-
« tions, par arriver à trois noms, toujours les mêmes,
« toujours ensemble et réunis par une opiniâtreté sans
« pareille, MM. de Lafayette, Jacques Laffitte et le duc
« d'......., et, par mille raisons, on reculait et on faisait
« la faute énorme de leur laisser la liberté de recom-
« mencer. »

Ainsi, dans les affaires de l'Épingle noire, des Francs
régénérés, des sous-officiers de La Rochelle, dans celle
du 19 août 1820, dans vingt autres, au plus creux, arri-
vaient les trois noms de ces messieurs : deux de ceux-là
s'imaginaient que la charge éminente de président de la
république française ne manquerait pas de leur échoir.

Lafayette, dès le 31 décembre 1815, le confiait au comte
de Rochefort, qui l'a répété à cent personnes presque
toutes vivantes. On a même imprimé plusieurs fois cette
anecdote.

Plus M. Jacques Laffitte était mis en évidence, plus sa
nullité patente s'était manifestée en 1830, et plus celui-là
rêvait et rêve encore l'obtention d'une dignité que cent
mille obtiendraient avant lui. Un plaisant sans doute
m'a conté qu'un jeune dessinateur de ses amis avait été
chargé par l'un des intimes du banquier de composer et
de colorier, avec beaucoup de broderies et force velours

et ornements, un costume de président de la république française. Un autre a prétendu avoir retouché la harangue ou la proclamation d'intronisation pour ce jour solennel.

Les agents, rebutés par ces deux faibles hommes d'État, qui eurent la modestie de reconnaître leur insuffisance, descendirent plus bas, ou, pour mieux dire, montèrent plus haut. Ici ils furent mis en présence des T***, Hu..., Da..., Cav.... et nombre d'autres. Les journées de Saint-Merry, celles de mai 1839 et celles intermédiaires devinrent les conséquences de cette excitation occulte de l'intérieur et du dehors.

Mais, en agitant la royauté et la république, on n'avait pas tout fait, et, afin de compléter l'œuvre, on remua le bonapartisme : on va voir ce qui en advint.

III.

La famille Bonaparte comprenait naguère les branches et les individus que voici :

Mme LÆTITIA BONAPARTE, ou, pour mieux dire, S. A. I. MADAME, mère de l'empereur Napoléon. Cette femme vénérable et vertueuse, matrone renouvelée des dames romaines, des Cornélie, des Porcie, des Arrie, etc., restait en souche auguste et vivait à Rome, respectée par tout ce que le monde a de plus grand.

En 1821 elle avait perdu NAPOLÉON BONAPARTE, empereur des Français, et, quelques années plus tard, la plus jeune de ses filles, la séduisante princesse BORGHÈSE ; puis la mort avait également frappé S. A. I. la princesse ÉLISA, princesse souveraine de Lucques et grande-duchesse de Toscane, morte en laissant une fille et peut-être un fils.

Mais l'ex-roi d'Espagne JOSEPH, depuis connu sous le titre modeste de *comte de Survilliers*, restait encore chef de famille (Napoléon n'était que son frère cadet), marié à JULIE DE CLARY, sœur de la reine actuelle de Suède ; il avait une fille unique, demandée en mariage par Ferdinand VII, et qui est veuve aujourd'hui du frère aîné du prince Louis-Napoléon.

Le sénateur LUCIEN BONAPARTE (puîné de Napoléon) et prince de Canino avait plusieurs fils et filles.

S. M. l'ex-roi de Hollande LOUIS-NAPOLÉON, grand-connétable de l'Empire, aujourd'hui *comte de Saint-Leu,* avait épousé S. A. I. HORTENSE DE BEAUHARNAIS, fille de l'impératrice et reine JOSÉPHINE. De ce mariage étaient nés trois princes : l'un mort grand-duc de Berg et de Clèves en 1808, l'autre en 1831, à la suite de l'insurrection de la Romagne ; le troisième est le prince LOUIS-NAPOLÉON, dont nous allons nous occuper bientôt.

S. M. le roi de Westphalie JÉRÔME BONAPARTE, qualifié depuis 1814 de *prince de Montfort,* mari de S. A. R. la princesse CATHERINE DE WURTEMBERG. Deux enfants sont issus de ce mariage : S. A. I. et R. le jeune prince DE MONTFORT et S. A. I. et R. sa sœur, non encore mariés.

S. M. l'ancienne reine de Naples CAROLINE, femme de JOACHIM MURAT, grand-amiral de l'Empire. Elle portait avant sa mort, survenue en 1839, le titre de *comtesse de Lipano.* De cet hymen sont nés deux princes domiciliés aujourd'hui aux États-Unis.

Le prince Lucien vient de mourir en cette année 1840.

Trois frères de Napoléon vivent encore : les comtes de Survilliers, de Saint-Leu et le prince de Montfort.

S. A. I. EUGÈNE DE BEAUHARNAIS, fils adoptif de l'empereur Napoléon, prince vice-roi d'Italie, archi-chancelier d'État, décédé en Bavière portant le titre de *prince de Leuchtemberg.* Il était marié à S. A. R. et I. AMÉLIE DE BAVIÈRE, fille du roi de Bavière Théodose Iᵉʳ.

De cet hymen sont advenus :

1°. S. A. I. le prince EUGÈNE-NAPOLÉON, époux de S. M. la reine de Portugal DONA MARIA, décédé sans laisser de postérité.

2°. S. A. I. et R. le prince EUGÈNE-NAPOLÉON DE LEUCHTEMBERG, marié à S. A. R. la grande-duchesse fille de S. M. I. et R. l'empereur de toutes les Russies Nicolas.

3º. S. A. I. et R. N....... DE LEUCHTEMBERG, femme de S. A. R. le prince héréditaire de Suède.

4º. S. M. I. et R. N........ DE LEUCHTEMBERG, femme de feu S. M. l'empereur de Brésil et roi de Portugal DON PÉDRO.

5º. S. A. I. et R. N........ DE LEUCHTEMBERG, princesse de Nassau.

6º. S. A. I. et R. la princesse THÉODELINE, non encore mariée.

IV.

Le comte de Survilliers n'a pas été moins calomnié que son frère, notre empereur. On sait par quels mensonges on essaya de flétrir sa réputation pendant sa royauté d'Espagne, et le public crédule recevait comme vérités d'évangile les abominables faussetés inventées pour décrier don Joseph. On l'accusa de cruauté, lui qui n'a pas à se reprocher même une arrestation illégale ! de débauches et d'ivrognerie ! je crois qu'à peine s'il mouillait de vin l'eau qui remplissait son verre.

Ainsi ai-je ouï dire de S. A. R. le duc de Berry, qui, à entendre ses détracteurs, s'enivrait tous les jours ; tandis qu'une fontaine fournissait sa boisson, et que ses excès consistaient à verser quelques gouttes de liqueurs douces dans un petit verre rempli de lait.

Loin d'avoir ces vices, ces défauts, loin d'être ignorant, grossier, jaloux et méchant, le comte de Survilliers possède le meilleur et le plus noble caractère. Rendu encore plus sage par les grands revers de sa maison, il se recula des agitateurs, toutefois après avoir accordé une sorte d'audience au sieur V...., vrai chevalier d'industrie, qui le sollicitait de se mettre à la tête d'une immense conjuration au moyen de laquelle on espérait renverser en six jours le trône de Louis-Philippe.

« Serait-ce pour que je me repose le septième ? » repartit en riant le comte de Survilliers ; puis, prenant une expression de physionomie grave :

« Monsieur, ajouta-t-il : héritier légitime de l'empe-

« reur Napoléon, mon seigneur et frère, je veux l'imiter
« autant que je pourrai ; ce ne fut point par le concours
« de comploteurs qu'il s'acquit la couronne impériale
« de France, mais en la demandant à la France elle-même.
« Si la France me souhaite pour son empereur, qu'elle
« me fasse place nette, qu'alors elle m'appelle, et je ne
« ne lui manquerai pas : toute autre manière de rentrer
« dans mon droit me semblerait indigne de moi et d'elle. »

Le comte de Saint-Leu, circonvenu à Florence par le
Russe D....ff, répondit avec autant de magnanimité. Le
prince de Montfort alla plus loin, la proposition lui parut une insulte, et il écrivit dans ce sens à deux souverains qui, dans leur prompte réponse, se retranchèrent
derrière ce qu'ils appelèrent leur ignorance complète de
toutes ces intrigues, que d'ailleurs ils désavouaient.

V.

Mais, par malheur pour la maison impériale et royale
des Bonapartes, il y avait en elle un jeune homme moins
habile, moins circonspect et beaucoup plus imprudent ;
esprit léger, superficiel et sans fond ni tenue, présomptueux, inconsidéré, s'imaginant ressembler de corps et
d'âme à Napoléon-le-Grand parce qu'il portait un petit
chapeau comme lui et qu'il le copiait dans ses manières,
gestes et manies ; caractère vain, irréfléchi et encore enfant, qui jouait à la poupée pour ainsi dire avec le plus
beau nom moderne et le plus respectable des souvenirs.

Celui que je peins avec ces couleurs sévères est le fils
unique du comte de Saint-Leu et de la reine Hortense ;
c'est Louis-Napoléon Bonaparte, né à Paris, le 20 avril
1808.

Une funeste convention de famille, en lui transmettant
les droits réunis de ses deux prédécesseurs, les ex-rois de
Hollande et d'Espagne, troubla le cœur du jeune prince,
que les flatteurs et quelques avides achevèrent d'égarer.
Rempli d'ambition et se croyant appelé à remplacer son
grand oncle, il s'est, dès sa naissance, presque livré à

des études multipliées et fortes. On a cherché à faire de lui un second Napoléon, et, rempli de désintéressement, de bravoure, de sciences positives, il a eu le malheur de ne pas connaître que pour qu'un homme monte à sa place naturelle il lui faut non-seulement l'appui de ses propres talents, mais encore le concours et l'aide d'une multitude de circonstances presque toutes indépendantes de notre volonté et que celle-ci seule ne peut amener et développer à point.

Parce que le prince Louis était l'héritier de Napoléon il s'est imaginé que la succession lui était dévolue, et que, pour s'en emparer, il lui suffisait de se présenter. De cette erreur a découlé la double et même faute qu'il vient de commettre, et dont la dernière répétition le perd sans retour.

C'est ici le moment de raconter à grands traits les événements qui signalèrent sa tentative maladroite du 30 octobre 1836, lorsqu'il a essayé à Strasbourg de récommencer à son profit l'une des phases de la révolution française.

Dès qu'il a pu raisonner, le jeune prince s'est cru empereur des Français *par la grâce de Dieu*, et en vertu des renonciations de son oncle et de son père, du moins dès la mort de son cousin l'ex-roi de Rome, dont il se porte pour héritier. Parvenu à la vingt-huitième année de son âge en 1836, il se prépara à tenter une démarche qui pouvait le conduire au trône ou à l'échafaud, c'est-à-dire à tenter par un coup de main la conquête de la ville de Strasbourg.

Une fatalité égare les prétendants, ils s'imaginent que les peuples dont ils veulent prendre le commandement les désirent, les espèrent, les demandent et qu'ils n'attendent qu'eux pour renverser le pouvoir établi. La chose, en France principalement, ne va pas ainsi : nos compatriotes se plaignent du bout des lèvres, et au fond ils respectent leurs souverains. Peu faits pour les guerres civiles, les coups de main, les révoltes prolongées, ils ne s'enflamment qu'à la manière d'un feu de paille, et là on ne rencontre pas en masse ces esprits fermes, ces caractères énergiques que les délais ne lassent pas, que la déroute ne décourage point, tels qu'il y en a tant en Espagne, par exemple.

Chez nous, d'ailleurs, une révolte triomphante est-elle possible hors dans Paris? Non sans doute : aucune des premières villes du royaume qui se soulèverait n'entraînerait avec elle le moindre village d'un département voisin. Enfin, il est certain qu'une armée régulière formée de régiments entraînés à la rébellion, fût-elle forte de cinquante mille hommes, n'oserait attaquer Paris, et reculerait ou se soumettrait devant une démonstration de la garde nationale parisienne. Dans l'opinion de celle-ci enfin repose uniquement la destinée de la France et du gouvernement. Or, tant que la garde nationale de Paris ne se sera pas montrée, comme en 1830, hostile à l'autorité, celle-ci demeurera inébranlable; et certes, tout me l'assure, la garde nationale parisienne est trop lasse des révolutions et a trop perdu même à la dernière pour soutenir un parti factieux. Maintenant, vu la position des choses à l'intérieur et dans le reste de l'Europe, doit être réputé parti séditieux quiconque tentera à ébranler l'homogénéité française.

Loin de voir ainsi, le prince Louis écouta quelques ambitieux subalternes, plusieurs de ces dissipateurs qui, ayant épuisé leurs ressources, cherchent dans les dissentions civiles à rétablir la fortune et la réputation honorables qu'ils n'ont plus. Ces coupables insensés, que Corneille a si bien dépeints dans ces vers célèbres de *Cinna:*

> Un tas d'hommes perdus de dettes et de crimes,
> Que pressent de nos lois les ordres legitimes,
> Et qui, désespérant de les plus éviter,
> Si tout n'est renversé ne sauraient subsister.

Ce fut à ces mauvais Français que l'imprudent jeune homme demanda conseil; ils lui inspirèrent la pensée présomptueuse qu'il recommencerait son oncle, et tous ensemble se mirent au travail.

Strasbourg, comme ville de guerre, comme ayant un arsenal, une forte garnison, et à cause de ses fortifications et de sa place si avantageusement située sur le Rhin, entre la France et l'Allemagne, devint le point de mire des conspirateurs. Le prince Louis, croyant avoir tout disposé pour la réussite de son entreprise, quitta, le 25 octobre 1836, le château d'Arenberg, sur le lac de Constance, où sa mère la reine Hortense séjournait. Il amena avec lui l'ex-lieutenant-colonel Parquin, militaire intrépide et mauvais diplomate, et tous les deux se dirigèrent vers Strasbourg.

Le prince aurait dû mieux réfléchir : le 15 du même mois et les jours suivants avaient manqué divers rendez-vous pour lesquels plusieurs généraux français s'étaient engagés ; chacun se refusa à tenir sa parole. C'est qu'il y a bien loin des résolutions prises dans un mouvement passionné à des actes patents d'insurrection et de révolte. Il n'y en a pas un de nous qui, à la suite d'un mécompte, d'un passe-droit, d'une orgie, ne se soit présenté en ennemi implacable du gouvernement et tout prêt à le renverser ; et quel est celui de nous qui, lorsque des furieux appelaient à la guerre dans la rue, depuis 1832, n'y est accouru que pour défendre ce même gouvernement ? La mauvaise humeur ne calcule pas ; l'homme de sang-froid a toujours honte et peur du titre et du rôle de révolté.

La garnison de Strasbourg était composée de trois régiments d'infanterie, le 16e, le 46e de ligne et le 14e léger, de deux régiments d'artillerie, le 3e et le 4e, et d'un bataillon de pontonniers, divisés en plusieurs casernes, et qu'il fallait néanmoins soulever presque spontanément.

Le prince Louis sortit de Fribourg, d'où il avait vainement attendu les conjurés prétendus, le 28 octobre, et entra le même soir, à dix heures, dans Strasbourg. Il coucha dans la chambre d'un officier, rue de la Fontaine, n° 24, et le lendemain matin il appela le colonel Vaudrey et les autres conspirateurs, afin qu'ils vinssent le joindre chez M. de Persigny.

Cette fois tous accoururent; ils furent trompés par le prince, joué lui-même, car il leur annonça comme chose certaine la coopération des populations armées des déparments voisins au coup qu'ils allaient tenter. Après avoir décidé quels régiments seraient les premiers excités à la révolte, on convint d'attaquer le 46ᵉ de ligne, caserné dans le quartier Finckmatt.

Le lendemain 30, à quatre heures du matin, dans un autre appartement, on réunit une nouvelle assemblée où se trouva un plus grand nombre de factieux. Le prince y lut ses proclamations, y fit connaître ses intentions comme *empereur*, et à six heures l'action commença.

Le colonel Vaudrey avait fait sonner la trompette et réunir son régiment. Le carré était formé lorsque le prince Louis, habillé comme son oncle, et trop exactement peut-être, car la caricature est proche de la noble imitation, apparut aux yeux des soldats surpris, et leur demanda, non de lui donner la couronne impériale, mais de l'aider de leur concours à la poser sur front. La troupe égarée se laissa entraîner d'abord, elle marcha vers les autres casernes, et les conjurés purent croire un instant au succès.

La sage résistance du général Voirol paralysa le mouvement. Au lieu de se rallier au prince il lui résista, et il fallut l'arrêter lorsque l'on comptait sur sa coopération pour vaincre l'hésitation des autres. Cependant on continue d'avancer, on va à la caserne du 46ᵉ. Ici, par un malentendu, les soldats ignoraient ce qu'on voulait d'eux, le prince Louis les harangue, les flatte, les excite, et là encore il va triompher. Le lieutenant Laity soulève les pontonniers. M. de Persigny arrête le préfet. Le lieutenant Pétri se rend maître du télégraphe. Les officiers Poggi et Couard font prendre les armes au 3ᵉ d'artillerie.

Tout est donc consommé ou va l'être! mais non, la fortune change, et cette étoile prête à monter rapidement et à prendre dans le ciel sa place brillante va peu tarder à s'éteindre en météore passager.

Dans la cour même où le prince Louis se croit empereur naît l'orage qui le renversera. Le lieutenant-colonel

Taillandier, fidèle à son serment, feint de ne voir dans ce chef de rebelles que le neveu du colonel Vaudrey ; il le jure, il l'affirme. Ceci change les dispositions de la troupe, des hommes rentrent dans la ligne de la fidélité et entourent le lieutenant-colonel ; le prince a aussi ses séides ; on ferme les grilles, on s'insulte, on se mêle, on s'attaque, bientôt les canonniers protecteurs du neveu de Napoléon sont repoussés, et lui-même est retenu prisonnier.

A l'instant la révolte expire, les soldats trompés rentrent dans le devoir ; plusieurs séditieux prennent la fuite, mais le colonel Vaudrey, le capitaine Parquin, le lieutenant Laity sont arrêtés et subissent le sort de leur prince ; dans ce moment tout est fini, et aux cris clair-semés de *vive l'empereur !* trente mille voix poussent celui de *vive le roi !*

VI.

On connaît les suites de cette entreprise mal conçue, mal conduite, échauffourée réelle où un jeune homme sans poids, sans force, avait tenté ce qu'un héros seul avait pu entreprendre.

On sait comment le prince Louis, momentanément renfermé dans la Prison-Neuve le 30 octobre au soir, en fut retiré le 9 novembre par ordre du conseil des ministres et conduit à Paris. Là il ne vit que M. Delessert, habile et sage préfet de police, magistrat digne de sa place et de la reconnaissance de tous les gens de bien. Ce haut fonctionnaire signifia au prince que le roi des Français lui faisait grâce entière, mais l'envoyait aux États-Unis. En effet, on le conduisit au port de l'Orient, où il monta sur la frégate *l'Andromède* le 21 novembre. Il dit en partant au sous-préfet : « Je ne rentrerai en France que « lorsque le Lion de Waterloo ne sera plus sur son pié-« destal. » Il ne s'est pas ressouvenu de ce propos.

Tous ses complices, jugés à Strasbourg, furent solennellement acquittés, le jury ne pouvant voir des coupables dignes de châtiment dans ceux qui avaient suivi un prince pris les armes à la main et auquel le gouvernement français accordait néanmoins la vie et la liberté. La France ratifia l'impartialité de ce jugement, et pourtant elle voyait bien que la justice, en ceci, avait été violée; mais, je le répète, la clémence du gouvernement avait nécessité cet acquittement scandaleux.

La leçon sévère que le bon esprit de la nation et de l'armée avaient donné au prince Louis ne lui profita aucunement. Au lieu de déplorer sa tentative inconsidérée, au lieu de montrer de la reconnaissance de la magnanimité d'un pouvoir qui avait pour exemple la conduite du roi d'Angleterre Jacques II envers le duc de Montmouth, son neveu, et celle de Ferdinand III envers Joachim Murat, le prince Louis, dis-je, qui aurait dû rester en Amérique, en imitant ses cousins-germains les princes de Lipano, se hâte de retraverser la mer et de rapporter en Europe son inquiétude et ses prétentions.

On le vit parcourir divers royaumes, puis assez maladroitement vouloir se faire naturaliser Suisse. Chassé de l'Helvétie par la crainte exagérée du cabinet français, il recommence sa vie aventurière, rêvant l'empire comme un joueur de loterie rêve le quine, et publiant les idées napoléoniennes qui, par bonheur pour Napoléon-le-Grand, ne peuvent pas être prises pour les siennes, livre mal fait, incohérent et rempli de ces formules mixtes et bâtardes qui confondent la démocratie avec l'aristocratie, qui mêlent la couronne avec le bonnet rouge, utopie folle, sotte, impraticable dans son exécution. Il n'y a dans le monde que deux formes possibles de gouvernement : ou la république avec ses conséquences d'indépendance sanglante pour ramener forcément à la liberté et à l'égalité; ou la monarchie absolue, là l'immense pouvoir d'un seul répond à tous de leur repos et de leur prospérité. Je crois et je crains que le genre bâtard dit *gouvernement constitutionnel* ne puisse être jamais qu'un passage transitoire ou vers l'autorité prolétaire ou vers celle d'un roi absolu. Au demeurant, chaque citoyen doit respecter la forme qui le régit et lui obéir aveuglément jusqu'à ce que le peuple la brise lui-même dans sa puissance omnipotente. Le particulier, quel que soit le cas où il se trouve, doit profiter de la protection que lui accorde son gouvernement, et doit se croire criminel s'il cherche à le renverser, n'importe pour qui que ce soit.

LES MASSES SEULES ONT RAISON, parce qu'alors *la voix du peuple est la voix de Dieu*. Les factions, au contraire, si nombreuses qu'elles soient, ne sont que fractions, car elles ne sont pas l'unité.

VII.

Depuis la fin de 1836 des événements importants ont tourmenté l'Europe. Le roi Guillaume IV est mort en Angleterre le 20 juin 1837, et la couronne s'est placée sur la tête d'une jeune fille : que Dieu puisse la conserver ! Dès ce moment les wights ont presque toujours triomphé dans le Parlement britannique; mais à Londres wights et torys sont uniquement Anglais chaque fois qu'il s'agit de l'élévation nationale et de l'abaissement de la France. En Turquie, le 30 juin 1839, est décédé le sultan Mahmoud, et à Berlin est mort aussi, le 7 juin 1840, le roi Frédéric-Guillaume.

Ces décès, que j'ai signalés, ont été funestes à la paix générale. A la place de trois sages il y a eu deux adolescents et un roi jeune encore, mais notre ennemi. Aussi dès-lors la paix européenne n'a plus été ferme sur ses bases, et un esprit inquiet de guerre a soufflé de tous les côtés.

En 1830 Charles X conquit à la France le vaste, le superbe royaume d'Alger : la politique anglaise ne s'en tourmenta guère; elle pensait que cette descente ne serait qu'un temps de passage, qu'une occupation militaire et rien de plus.

Mais à peine avions-nous pris possession des premières vallées de l'Atlas que le trône de Charles X fut brisé, que le principe de la souveraineté du peuple remplaça celui du droit divin. Dans le premier moment l'alliance de l'Angleterre était utile, très-utile à la maison régnante en France. Aussi les amis de celle-ci qui se trouvaient en Angleterre s'avancèrent, sans y être aucunement autorisés, jusqu'à promettre qu'avant six ans l'Algérie serait abandonnée. Ce fut à ces paroles fallacieuses qu'un célèbre diplomate dut le brillant accueil qui lui fut fait. Il parlait peu, et brièvement encore ; on faisait des phrases entières avec ses demi-mots, et plus d'une fois on avait pris pour un engagement formel de sa part un sourire ou un hochement de tête.

Quoi qu'il en soit, il est certain que, en 1830 et 1831, on croyait à Londres au renoncement de nos possessions du nord de l'Afrique.

Or, ni le roi des Français, ni ses ministères, ni la nation enfin n'avaient cette pensée. Aussi les premiers de ceux-ci se récrièrent vivement lorsque les notes diplomatiques venues du cabinet de Londres et d'ailleurs demandèrent sérieusement l'exécution prompte et entière de ces autres prétendues promesses de juillet ou d'août. Un refus formel quoique conciliant, des protestations énergiques, le désir de prouver par écrit la véracité de la parole dite donnée ne se firent pas attendre, et le ministère anglais se crut mystifié.

Dès lors prit fin cette amitié fraternelle nouvellement établie entre les deux nations, dès lors l'une et l'autre rentrèrent dans leur position précédente, et de l'autre côté de la Manche on se mit à nous chercher des ennemis, qui ne furent pas difficiles à trouver.

Dès 1792 la France épouvante tous les souverains, qui même, de 1815 à 1830, ne la regardent pas indifféremment. Il y a en elle un principe démocratique en fermentation ; s'il éclate, il détruira tous les trônes. Afin de le comprimer on ne demanderait pas mieux que d'anéantir la nation elle-même, et pour cela tous les moyens sont bons.

Ce fut aussi avec joie qu'après la deuxième rentrée des Bourbons on accueillit dans nombre de cours ces Fran-

çais insensés qui, à Toulouse principalement, imagi-
nèrent la fondation d'un royaume d'Aquitaine, indépen-
dant du reste de la France, et formé de la Guienne, du
Béarn, du comté de Foix, du Roussillon, du Languedoc,
de la Provence, de la Corse, du Rouergue, du Limousin,
de l'Auvergne et du Périgord. Là devaient régner dans
toute la plénitude du droit divin LL. AA. RR. le duc et
la duchesse d'Angoulême.

Ceci ne fut pas une illusion et moins encore n'est pas
une calomnie. La chose alla si loin, ou mieux, fut si près
d'être exécutée, que déjà on avait nommé *in petto* il est
vrai, mais enfin je possède en original cette pièce curieuse, les ministres, les grands dignitaires et les grands
officiers de ce nouveau royaume. Les aumôniers, cham-
bellans, écuyers, jusqu'aux pages, étaient désignés,
avec les maréchaux, généraux, colonels, etc., les pré-
fets ou intendants, les sous-préfets ou subdélégués. La
troupe assassine des verdets, le loyal régiment de Marie-
Thérèse auraient été le noyau de l'armée à créer.

On accueillit, ai-je dit plus haut, à Saint-Pétersbourg,
à Berlin, à Londres cette ouverture. Des agents secrets
que je connais aussi furent envoyés sur les lieux. Ils devaient revêtir un caractère officiel aussitôt que lesdites provinces se seraient séparées du trône constitutionnel de
Louis XVIII. Des troupes italiennes, russes, espagnoles
arriveraient au secours du nouvel allié par le Piémont,
la Méditerranée et les Pyrénées. L'Angleterre, pour la
garantie de sa flotte, exigeait pendant dix ans la possession de la tour de Cordouan, des batteries de la rive, le
port de Blaye et le droit de garnison dans Bayonne et
Bordeaux.

Malheureusement pour les auteurs encore presque tous
en vie de ce plan sacrilége, il ne suffisait pas de leur volonté et de celle de leurs alliés étrangers, il fallait encore
que les populations locales voulussent aussi ce crime : aussi
l'on échoua. En vain le meurtre du général Ramel fut
commis, il n'inspira que de l'horreur, et les verdets, qui,
à la suite de cet attentat, avec les autres compagnies se-

crètes, allaient pousser le cri de la révolte et inaugurer ainsi le nouveau royaume et le nouveau roi, s'effrayèrent de leur propre ouvrage. Le régiment de Marie-Thérèse leur refusa son concours, et le plan s'évanouit en fumée. Il n'en est resté que la manifestation hostile, quoique ignorée, des puissances étrangères, toujours prêtes à se rendre l'appui de tout ce qui tendra à déchirer la France.

Ainsi, dès 1820 et jusqu'aujourd'hui, le parti républicain a été excité sourdement : on le pousse à désirer une république fédérative, à diviser la patrie en fragments d'État, afin de la mieux accabler lorsqu'à la place de son unité victorieuse on l'aurait énervée en la morcelant.

Or, ce que l'étranger a tenté en 1814 et 1816, en 1820, en 1828, ce qu'il ne cesse de souhaiter depuis 1830, est la cause primitive du coup d'insensé que vient d'entreprendre le prince Louis-Napoléon, et c'est de ce dernier dont je vais m'occuper entièrement.

VIII.

Ce n'est pas la France que l'Angleterre doit craindre aujourd'hui, c'est la Russie, et néanmoins c'est avec la Russie que l'Angleterre vient de s'allier contre la France. Qui expliquera ce problème? Les faits et l'évidence.

La France, dans ce moment, ne peut rien contre l'Anterre, cela est vrai, car elle n'est pas préparée à une descente aujourd'hui possible, grâce à la vapeur, mais elle peut l'empêcher de s'emparer de l'Égypte, et par ses flottes et par sa possession d'Alger elle balance dans la Méditerranée l'influence britannique.

Les Russes, malgré leurs empiétements du côté de la Perse et de la Tartarie, sont encore loin de l'Inde. Nous, au contraire, fermons avec notre allié Méhémet, prince habile et sage, cette mer Rouge qui doit devenir pour les Anglais un autre canal de la Manche. Il leur faut ce grand cours d'eau, et pour cela ils doivent posséder la Judée, Alexandrie et le Caire. Il leur serait facile d'enlever ces

contrées au grand prince qui les gouverne aussi héroï-
quement, mais la France est là, et ce n'est pas, quoi qu'en
dise la jactance britannique, un léger poids dans la balance politique des nations.

Or, pour anéantir dans l'Orient la puissance française,
il faut appeler sur la France même la discorde et la guerre
civile.

Or encore, et comme déjà je l'ai prouvé, tout cabinet
européen qui frappera à la porte des autres se les fera
ouvrir aussitôt, pourvu qu'il mette en avant l'annihila-
tion de la France, sa ruine, sa division. A cet espoir présenté, tout autre motif de querelle s'amoindrit, on cesse
entre soi de se haïr et de se craindre, et il y a toujours
une sainte alliance prête à se reformer lorsque le but
en sera de perdre le royaume, dont les agitateurs trou-
blent tant de sommeils royaux.

Dans cet état de cause l'Angleterre, impatiente de
se débarrasser de notre opposition, a joué, selon sa coutume constante, les autres cours; elle leur a représenté la
nécessité d'une union plus intime, leur vanité satisfaite en
rayant la France d'un trait de plume du rang qu'elle occupe en Europe, et la quadruple alliance s'est formée.

L'habile Russie a été trompée, et lorsqu'on fait honneur à M. de Brunnow de ce traité insolent, il n'est au
fond que l'œuvre de lord Palmerston, ou plutôt de toute
l'olygarchie britannique.

Mais ce traité ne suffisait pas à la politique anglaise.
On ne fait pas disparaître une grande puissance, on n'a-
néantit pas sa force énergique par cela seul qu'on l'ex-
clut d'un traité, et tous les protocoles possibles de la
quadruple alliance ne nous enlevaient ni un homme, ni
un écu, ni un canon, et n'amoindrissaient pas notre influence par-delà nos frontières, et le vice-roi d'Égypte
ne restait pas pour cela isolé de notre assistance. Non,
nous n'avions rien perdu, et nous restions ce que nous
sommes, ce que nous serons toujours si nous savons
nous entendre et de ne pas nous désunir.

Nous désunir!.... voilà le secret trouvé pour nous

perdre ! oui, c'est là le cheveu fatal du Samson français !

Trois partis existent chez nous, en dehors momentanément de la nation, tous trois aveuglés par leur ardent désir du triomphe : ce sont les royalistes purs, les républicains et les bonapartistes.

C'est sur eux que nos ennemis ont jeté les yeux, et c'est par eux qu'ils se sont flattés de nous perdre en réalisant l'apologue connu de la rupture du faisceau. Je sais, de science certaine, que depuis six mois la famille royale (la branche aînée des Bourbons) est environnée et sollicitée jusqu'à l'indécence par des agents étrangers. On a cherché par tous les moyens possibles à amener S. A. R. monseigneur le duc de Bordeaux à tenter une descente dans la Vendée. D'autres émissaires, et en grand nombre, parcouraient encore, il y a huit jours, l'Ouest et le Midi, excitant les royalistes à un soulèvement général. A les entendre, la Russie, la Prusse, l'Autriche et l'Angleterre ne voulaient plus du gouvernement actuel, et ces puissances étaient prêtes à secourir d'hommes et d'argent toute révolte légitimiste qui tendrait à rappeler Louis XIX.

Rennes, Nantes, le Mans, Saumur, Poitiers, Saintes, Bordeaux, Pau, Bayonne, Tarbes, Agen, Auch, Montauban, Toulouse, Alby, Castres, Foix, Carcassonne, Narbonne, Perpignan, Béziers, Montpellier, Rhodez, Nismes, Marseille, Aix, etc., ont reçu ces perturbateurs, qui ont essayé de tirer parti des fautes de l'avant-dernier préfet de l'Arriège; partout on les a repoussés.

Les républicains, de leur côté, ont entendu les mêmes paroles, on les a encouragés à proclamer la république. Et qui nous a dit que ces querelles d'ouvriers et de maîtres qui ont ému presque Paris n'ont pas été provoquées par ces hommes pervers et habiles, éternels agents de nos discordes et de nos malheurs !

La vertu, l'amour ardent de la France qui distingue si éminemment la famille aînée des Bourbons parmi toutes les autres, ne lui ont pas manqué dans cette circonstance, où une bouche auguste a dit noblement :

« Je veux être un instrument de délivrance et non de
« destruction, je veux augmenter la grandeur de ma pa-
« trie et non morceler son territoire ; j'aime mieux vivre
« regretté dans l'exil et avec l'estime des Français que
« de mourir déshonoré sur un trône amoindri et sans
« gloire. »

Les républicains, enfin éclairés par leurs désappointe-
ments nombreux, lassés et humiliés d'avoir exposé leur
vie et répandu tant de sang sans aucun résultat à leur
avantage n'ont point voulu recourir aux armes pour le
triomphe de leur cause. Le temps, disent-il, leur donnera
le succès. Soit : l'espérance est une consolation, et certes
ne peut pas être un crime.

Ainsi repoussés généralement par les deux seuls partis puissants qui existent chez nous, ceux qui veulent
l'Égypte et nous chasser d'Alger (ceux-là seuls sont coupables), en désespoir de cause, se sont adressés au parti
qui n'a pas de chance chez nous, aux bonapartistes.

La France honore, adore peut-être le nom de l'empereur, elle a fait un demi-dieu de cet homme illustre,
mais en même temps elle n'a aucune sympathie pour les
neveux obscurs de ce héros fameux, elle les ignore ou
les voit encore avec indifférence, et, en héritant de ce
beau nom, ceux-ci n'ont assurément pas hérité de sa
magie.

C'est pourtant au chef minime du parti qui a chez
nous le moins de chance de réussite que les émissaires de
notre ennemi direct se sont adressés. Ils l'ont attiré chez
eux, lui ont montré des arsenaux munis pour la guerre,
des flottes prêtes à tenir la mer, des trésors au moment de
s'ouvrir, et tout cela dans son intérêt et pour sa gloire. A
les entendre la quadruple alliance devenait bonapartiste ;
et tandis que lui, descendu en France irait au pas de
course vers Paris, les Prussiens, déjà en ligne, pénètreraient
par les Provinces rhénanes, ces portes fatales toujours ou-
vertes pour nos adversaires, et feraient en sa faveur une
puissante diversion.

Le prince Louis n'a point vu le piége ; car cet héritier

de l'aigle s'il en a le courage, n'en possède ni les yeux clairvoyants ni la perspicacité ; il a cru ce qu'il souhaitait ; il a eu des conférences avec le ministère britannique *, et un traité a été signé.

On pourrait en faire connaître les articles principaux ; mais la position imminente et périlleuse de l'imprudent qui a pu consentir à troubler l'homogénéité de sa patrie défend là-dessus toute révélation. Je dois ajouter que le père du prince Louis, que les ex-rois d'Espagne et de Westphalie ont ignoré complétement ce coup de tête, auquel ils se seraient opposés de tous leurs moyens s'ils en avaient eu le plus léger indice ; mais on a travaillé habilement, afin de les éblouir. Le pouvoir occulte qui a poussé ce léger orage sur nos côtes a su l'envelopper d'une telle obscurité qu'il est demeuré invisible pour tous : notre gouvernement lui-même n'en a rien su ; car, s'il en avait eu le plus léger soupçon, il aurait pris sur ce point des mesures de prudence. En général la police est nulle hors le rayon de Paris, ici elle est réellement clairvoyante ; mais dans les départements et à l'étranger sa cécité est déplorable. J'en appelle uniquement à l'échauffourée de Strasbourg et à celle-ci.

Le prince Napoléon, reconnu à l'avance empereur des Français et ayant reçu pour ses premiers frais une somme considérable, a, de son côté, trompé son ardent allié en se targuant d'avoir déjà rangé sous sa bannière la majeure partie des régiments échelonnés depuis Boulogne jusqu'à Paris ; il s'est aussi vanté du concours d'un grand nombre de maires, comme aussi de l'assentiment d'autres administrateurs, de propriétaires riches ou influents, et surtout de l'amour des populations rurales ; car sans ces assurances et ces coopérations indispensa-

---

* Ceci est un fait acquis et prouvé ; on va le nier maintenant, selon la coutume ; mais qui sera dupe de cette négociation ? personne. Oui, Français qui doutez, voyez où est votre ennemi réel, voyez quel cabinet a reçu naguère et reçu publiquement le prince Louis, et jugez ensuite si cette alliance nous vaut mieux que celle de la Russie, ou, mieux encore, que celle de l'Allemagne, la première avant toutes les autres.

bles nos ennemis n'auraient pas consenti aussi légèrement à son coup de main.

Dès le moment où le prince Louis s'est vu appuyé par des alliés dont la puissance ne peut être niée, il s'est cru sacré dans Paris, il a hâté ses préparatifs, et, ayant obtenu en secret une audience d'une très-grande dame, il lui a promis d'être à jamais son meilleur allié..... Sa position actuelle, je le répète, ne permet pas à la délicatesse de raconter ce qu'il croit ignoré de tous, ce que l'on sait cependant.

<h2 style="text-align:center">IX.</h2>

Tout étant disposé et les excitateurs ainsi que le chef imprudent de l'entreprise ayant hâte eux d'exciter en France la guerre civile et lui de la dominer, le temps d'ailleurs pressant, vu l'état de l'Orient et la certitude des préparatifs militaires que notre gouvernement allait commencer d'effectuer, on a donc décidé qu'il fallait se mettre en mer et partir.

L'embarquement eut lieu à Londres même, le 4 août, à neuf heures du matin, et cela sans donner l'éveil à la police de cette ville, police si bien faite dans l'intérêt des Anglais, et qui certes n'a pu ignorer ce qui se passait. Donc, puisqu'elle l'a su et l'a autorisé, est-ce téméraire de lui demander quelle part son gouvernement a pu prendre à cet acte coupable et attentatoire envers notre nationalité?

Mais, pour mieux faire juger par nos lecteurs de ce point important, je vais transcrire ici l'interrogatoire que les autorités de Boulogne ont fait subir au sieur James Crow, capitaine du paquebot anglais l'*Edimbourg-Castle*, qui composait à lui seul toute la flotte du nouveau conquérant :

D. Quel jour avez vous quitté Londres?
R. Avant-hier 4 août, à 9 heures et demie du matin.
D. Aviez-vous des marchandises à bord?
R. Non.

D. Quel est le nombre des passagers que vous aviez à votre bord?

R. Je pense qu'il y en avait 56 ou 57, d'après le rapport du stewar.

D. Avez-vous pris tous vos passagers à Londres?

R. Non, mais je puis dire quels sont les endroits où j'ai pris ces passagers, sans cependant pouvoir affirmer le nombre que j'ai pris dans chaque endroit.

D. Connaissez-vous les noms des passagers que vous aviez à votre bord?

R. Non; mais ce matin, vers deux heures, à l'exception de trois domestiques, tous les autres se sont dépouillés de leurs habits militaires. Deux d'entre eux avaient des étoiles sur leurs uniformes, et on m'a dit qu'ils étaient princes.

D. Par oubli, je ne vous ai pas demandé si vous aviez des papiers; veuillez me les remettre si vous en avez.

R. Je n'ai que l'acte de propriété de mon navire et ma licence. Je croyais, en partant de Londres, devoir me diriger sur Hambourg.

D. Lorsque vous avez quitté Londres quels étaient vos ordres?

R. M. Pliden, secrétaire de la compagnie commerciale, à qui je m'adressai pour avoir des instructions, me dit : « Je ne sais pas où vous irez : quel que soit le point sur lequel on vous dirige, vous vous y rendrez. Préparez-vous à recevoir de 50 à 60 passagers. » Un monsieur dont je ne connais pas le nom me dit ensuite : « Je me suis arrangé avec la compagnie de manière à lui rembourser la perte du bateau si cela arrivait. »

D. Avez-vous remarqué que ces messieurs aient bu pendant les dernières heures qu'ils sont restés à votre bord?

R. Ils ont bu énormément, et je n'ai jamais vu plus boire qu'ils l'ont fait, et de toutes espèces de vins.

D. Est-il à votre connaissance que les voyageurs qui se trouvaient à bord fussent porteurs de beaucoup d'argent?

R. Il m'a paru qu'ils en avaient beaucoup, et j'ai remarqué au moment de leur embarquement qu'ils ont remis cent francs à chaque soldat. Avant le débarquement ils ont presque tous coupé leurs moustaches.

D. Quel était le nombre des soldats qui se trouvaient à bord?

R. Environ une trentaine.

D. Avez-vous remarqué qu'il y eût quelques soldats en armes sur la côte au moment du débarquement de vos passagers?

R. Il n'y avait personne sur la plage.

D. J'avais oublié de vous demander s'il est à votre connaissance que l'on ait fait des signaux à bord de votre navire auxquels on aurait répondu de la côte française?

R. Non, aucun signal n'a été fait à bord ni aperçu venant de la terre.

D. Dites-moi si vous saviez que vous aviez des armes à votre bord et à quel moment les hommes s'en sont armés.

R. Je n'ai eu connaissance des armes qui se trouvaient à mon bord qu'au moment où on les a retirées d'un fourgon pour en armer plusieurs hommes. Le nombre des caisses était de trois ou quatre.

X.

Le paquebot ainsi mis à la voile vogua d'abord, à ce qu'il paraît, vers Calais, où il fut vu, à ce que l'on prétend. Là se trouvaient, outre le prince et les cinquante malheureux embauchés, la plupart sans savoir quelle cause légitime ou coupable allait les armer, quelques hommes qui, plus éclairés, auraient dû déconseiller la tentative aventureuse, au lieu de s'en faire les champions: c'étaient le général comte de Monthollon, *faisant les fonctions de major-général;* M. de Persigny, *chambellan,* sans doute du nouvel empereur; le colonel Voisin, *faisant fonctions d'aide major-général;* le commandant Mesonan, *chef d'état-major;* le lieutenant-colonel Parquin, le colonel Bouffet-Montauban, M. Lombrrd, le colonel Delaborde, l'intendant militaire Faure, etc.

Quelques centaines de fusils, un drapeau, d'autres armes et environ un million en numéraire ou en lettres de change composaient le matériel de l'expédition : toutefois on doit y ajouter un aigle royal vivant, superbe animal, et qui sans doute devait figurer là les anciennes armes de l'empire.

Le paquebot qui portait cette faible troupe, poussé par un vent favorable, vogua rapidement de Londres vers la côte française. Pendant la traversée les rebelles, dans le desseind e s'étourdir sans doute, se maintinrentconstamment dans un état d'orgie et de débauche bachique peu convenable à ceux qui veulent tenter une entreprise importante; ils ne cessèrent de vider plusieurs centaines de bouteilles de vins liquoreux : aussi, lorsqu'ils abordèrent, la plupart avaient perdu la raison.

Après s'être montrés assez près de Calais pour faire croire aux habitants de cette ville qu'ils avaient le projet d'y mettre pied à terre, les conspirateurs, dont le plan était de tenter leur débarquement sur la plage boulonnaise, dirigèrent le paquebot vers le port de Vimereux. Dans ce lieu et aux approches d'environ une heure du matin, pendant la nuit du 5 au 6 août 1840, le sous-brigadier des douanes le sieur Audinet, étant de service, dit la relation du préfet du département du Pas-de-Calais avec deux préposés, aperçut devant le poste et à un quart de lieue environ en mer un bateau à vapeur devenu stationnaire.

La situation de ce bâtiment n'excita pas autrement son attention, parce qu'il voyait souvent, depuis quelques jours, des paquebots et autres navires de transports intermédiaires, soit prenant en ce lieu leur mouillage, ou soit se dirigeant vers Boulogne à la pointe dite des Oies, pour y attendre des paquets, des dépêches, des marchandises et même des passagers, tant le mouvement était fréquent d'Angleterre en France et de France en Angleterre.

Néanmoins il ne cessa de demeurer en observation. La nuit s'écoulait, et, vers les deux heures du matin, il vit lancer à la mer un canot qui bientôt s'emplit de monde, et qui, ayant son chargement complet, se détacha du paquebot et se dirigea vers la terre, où il toucha à environ vingt-cinq pas du rivage. Étonné de cette manœuvre et sans la suspecter encore, car rien là-dedans n'annonçait la contrebande, le sieur Audinet marcha vers un rocher quelque peu avancé dans l'eau, et de là se mit à héler le canot inconnu et les individus qui le conduisaient, les autres préposés étant encore en arrière et à quelque distance de lui.

On lui répondit aussitôt en ces termes : « Nous sommes « du 40ᵉ de ligne, et nous allons de Dunkerque à Cher- « bourg, mais une roue de notre bateau à vapeur s'est « brisée et nous force à débarquer ici. »

La chose était vraisemblable et le brigandier des douanes en fut d'autant mieux trompé qu'il reconnut l'uniforme de ce régiment sur une quinzaine de militaires de tous grades ; ils ne lui laissèrent pas d'ailleurs le loisir de la réflexion, car en même temps qu'ils lui parlaient ils se hâtèrent de descendre dans l'eau et de gagner la plage. Cependant il ne demeura pas dans son ignorance du but réel qui amenait ces étrangers, car lui et ses camarades se virent environnés, contenus et menacés par plu- sieurs de ceux-là, qui, en leur présentant la pointe de leurs baïonnettes et de leurs sabres, leur dirent sur un autre ton : « Douaniers, ne vous opposez pas à notre débar- « quement, si vous ne voulez être traités en Bédouins ! »

A ces paroles téméraires, qui déchiraient le voile dont les conspirateurs se couvraient encore, M. de Montholon s'écria en s'adressant à sa troupe :

« Camarades, ce sont des douaniers et non des ennemis ! « qu'on ne les moleste en rien ; ils sont ici *comme nous,* « pour le maintien de la loi et de l'intérêt public. »

Aussitôt le brigadier Audinet ainsi que deux des siens et Leguay furent contenus par les rebelles en armes, sans pourtant en éprouver de mauvais traitements. Le canot s'étant vidé, les rameurs le ramenèrent vers le pa- quebot, où il se chargea d'autres conspirateurs, et fit ainsi trois voyages, qui aboutirent toujours à vomir sur la terre française de nouveaux ennemis, tandis que ceux déjà débarqués firent également prisonniers cinq douaniers qui ayant terminé leur ronde rentraient successivement dans le corps-de-garde. Néanmoins, si on les surveilla, on ne le leur enleva aucune arme.

La descente n'était pas effectuée en entier lorsque, du côté de Boulogne, accourururent précipitamment quatre individus; ils se joignirent à la troupe, qui leur fit bon accueil. On les embrassa, et deux d'entre eux quittèrent leurs vêtements bourgeois, endossèrent des habits militaires qu'on avait sans doute apportés pour eux.

Le prince Louis était en uniforme vert (celui des chasseurs de la garde impériale); il portait le grand cordon de la Légion-d'Honneur, ainsi que le chapeau classique; son visage était pâle, et toute sa personne portait l'empreinte de la fatigue du corps et de l'anxiété de l'âme. M. le comte de Montholon, dont le fils aîné, par une de ces bizarreries qu'aime la fortune, prêtait presque ce jour-là même, à Paris, son serment de pair, en qualité d'héritier du comte Huguet de Sémonville, M. de Montholon, dis-je, avait aussi un uniforme d'officier général, un cordon et une plaque; tous les autres portaient le costume de leur grade. Les soldats annonçaient, par le désordre de leur tenue, une origine de mauvais aloi. La plupart, engagés comme domestiques ou embauchés à Paris, ne savaient pas encore à quelle entreprise criminelle on les conduisait.

Ce fut seulement à trois heures du matin et par l'effet d'une négligence aussi singulière que blâmable que le sieur Bally, lieutenant des douaniers de service à Vimereux, qui ne se trouvait pas en cet endroit, fut averti de l'arrivée du bateau à vapeur et de ce qui se passait au lieu de son service. Lui, qui ne voyait là-dedans qu'un cas de contrebande ou qu'une infraction attentatoire aux lois sanitaires, se hâta de venir à Vimereux.

Au moment où, parvenu sur la place du village, il allait questionner ses subordonnés et les habitants, un groupe de cinq ou six des principaux conspirateurs le rejoignirent, et, l'ayant reconnu comme le chef du poste, lui commandèrent impérieusement de se mettre à leur tête afin de conduire *l'avant-garde de l'armée* jusqu'à Boulogne. Ce corps *respectable* était fort d'environ cinquante hommes habillés d'uniformes de toutes armes, de tous grades et de toutes nations, et d'un nombre de soldats prétendus ayant l'habit et le numéro du 40e de ligne.

M. Bally, étonné et bientôt désespéré de ce qu'il apprenait et de ce qu'il voyait, supplia les chefs apparents de cette *avant-garde* de ne pas le rendre rebelle comme eux et de ne pas l'obliger à trahir ses devoirs de Français et de loyal douanier. On n'eut aucun égard à ses représentations ni à ses prières, pas plus qu'à celles de ses subordonnés, qu'on faisait prisonniers à mesure de leur approche, et dont on se servait comme de guides, se méfiant d'eux, et les rebelles ne voulant pas laisser en arrière un noyau de résistance organisée.

Il y eut indication et même discussion animée au moment du départ parmi les chefs de l'entreprise sur la route à prendre pour atteindre Boulogne, soit celle de la falaise, soit celle de la Colonne élevée à Napoléon-le-Grand et à la grande armée, et dont l'inauguration a eu lieu aux dernières fêtes de juillet. Ce chemin fut préféré, comme de bon augure. Il fut d'ailleurs indiqué avec insistance par les quatre individus arrivés récemment de Boulogne. Le lieutenant des voltigeurs du 42e de ligne Aladenize était parmi ceux-ci.

On battit la marche et l'on s'avança rapidement. A la sortie de Vimereux une pauvre femme âgée, intriguée d'ailleurs à la vue de ce qui passait d'inusité autour d'elle, en demanda hautement la cause à une de ses voisines, et, apercevant celui qui conduisait ce coup de main, elle le désigna du doigt en disant :

— Qui est donc celui-là?

Le prince Louis, à portée de l'entendre, s'avança près d'elle, et, répondant avec emphase, lui dit :

— Ma bonne femme, c'est moi qui suis l'empereur Napoléon.

—Vous! répliqua la vieille avec une finesse malicieuse, allez, *gausseux!*... De vous à l'empereur il y a loin et haut autant que de sa Colonne qui est là-bas à ma béquille.

Le rire que cette repartie excita ne plut point au prince
et lui dut être de mauvais présage, car déjà on ne le res-
pectait pas.

Avant ceci et dès le moment de la descente sur la plage
trois pièces imprimées avaient été distribuées : c'étaient
le décret prétendu *impérial* que voici, et puis deux proclamations qui vont suivre cet acte étrange, l'une adressée
à la nation française et l'autre aux habitants du département du Pas-de-Calais :

« Le PRINCE NAPOLÉON, au nom du peuple français, décrète
ce qui suit :

« La dynastie des Bourbons d'Orléans a cessé de régner.

« Le peuple français est rentré dans ses droits.

« Les troupes sont déliées du serment de fidélité.

« La Chambre des pairs et la Chambre des députés sont dis-
soutes. Un congrès national sera convoqué dès l'arrivée de
Napoléon à Paris.

« M. Thiers, président du conseil, est nommé, à Paris, président du gouvernement provisoire.

« Le maréchal Clausel est nommé commandant en chef des
troupes rassemblées à Paris.

« Le général Pajol conserve le commandement de la 1re division militaire.

« Tous les chefs de corps qui ne se conformeront pas sur-le-
champ à mes ordres seront remplacés.

« Tous les officiers, sous-officiers et soldats qui montreront
énergiquement leur sympathie pour la cause nationale seront
récompensés d'une manière éclatante au nom de la patrie.

« Dieu protége la France !

« NAPOLÉON. »

Ainsi, par la seule volonté d'un jeune homme et de
cinquante à soixante imprudents ou aveugles, la volonté
nationale était mise à néant et le fruit de la révolution de
juillet 1830 perdu, la branche d'Orléans déchue, la
Chambre des pairs anéantie, celle des députés dissoute,
et le royaume, livré à la dictature, allait demeurer dans

l'attente d'une neuvième Constitution : ainsi, toujours, c'était par des déchéances et par l'exil que le prince Louis récompensait la famille du roi des Français de la clémence sans restriction de ce souverain envers lui lors de sa première tentative en octobre 1836. Ensuite, ai-je dit, venait la seconde pièce, que je transcris pareillement :

Proclamation du prince Napoléon-Louis au peuple français.

Français !

Les cendres de l'empereur ne reviendront que dans une France régénérée ! les mânes du grand homme ne doivent pas être souillées par d'impurs et d'hypocrites hommages. Il faut que la gloire et la liberté soient debout à côté du cercueil de Napoléon ! Il faut que les traîtres à la patrie aient disparu !

Banni de mon pays, si j'étais seul malheureux, je ne me plaindrais pas ; mais la gloire et l'honneur du pays sont exilés comme moi ; Français, nous rentrerons ensemble ! Aujourd'hui comme il y a trois ans, je viens me dévouer à la cause populaire. Si un hasard me fit échouer à Strasbourg, le jury alsacien m'a prouvé que je ne m'étais pas trompé !

Qu'ont-ils fait ceux qui vous gouvernent pour avoir des droits à votre amour ? Ils vous ont promis la paix, et ils ont amené la guerre civile et la guerre désastreuse d'Afrique. Ils vous ont promis la diminution des impôts, et tout l'or que vous possédez n'assouvirait pas leur avidité. Ils vous ont promis une administration intègre, et ils ne règnent que par la corruption ; ils vous ont promis la liberté, et ils ne protégent que priviléges et abus : ils s'opposent à toute réforme ; ils n'enfantent qu'arbitraire et anarchie ; ils ont promis la stabilité, et depuis dix ans ils n'ont rien rétabli. Enfin, ils ont promis qu'ils défendraient avec conscience notre honneur, nos droits, nos intérêts, et ils ont partout vendu notre honneur, abandonné nos droits, trahi nos intérêts ! Ils est temps que tant d'iniquités aient leur terme, il est temps d'aller leur demander ce qu'ils ont fait de cette France si grande, si généreuse, si unanime de 1830 !

Agriculteurs, ils vous ont laissé pendant la paix de plus forts impôts que ceux que Napoléon prélevait pendant la guerre.

Industriels et commerçants, vos intérêts sont sacrifiés aux exigences étrangères; on emploie à corrompre l'argent dont l'empereur se servait pour encourager vos efforts et vous enrichir.

Enfin, vous toutes, classes laborieuses et pauvres, qui êtes en France le refuge de tous les sentiments nobles, souvenez-vous que c'est parmi vous que Napoléon choisissait ses lieutenants, ses maréchaux, ses ministres, ses princes, ses amis. Appuyez-moi de votre concours, et montrons au monde que ni vous ni moi n'avons dégénéré.

J'espérais comme vous que sans révolution nous pourrions corriger les mauvaises influences du pouvoir; mais aujourd'hui plus d'espoir : depuis dix ans on a changé dix fois de ministère; on en changerait dix fois encore que les maux et les misères de la patrie seraient toujours les mêmes.

Lorsqu'on a l'honneur d'être à la tête d'un peuple comme le peuple français, il y a un moyen infaillible de faire de grandes choses : c'est de le vouloir.

Il n'y a en France aujourd'hui que violence d'un côté, que licence de l'autre : je veux rétablir l'ordre et la liberté. Je veux, en m'entourant de toutes les sommités du pays sans exception et en m'appuyant uniquement sur la volonté et les intérêts des masses, fonder un édifice inébranlable.

Je veux donner à la France des alliances véritables, une paix solide, et non la jeter dans les hasards d'une guerre générale.

Français! je vois devant moi l'avenir brillant de la patrie. Je sens derrière moi l'ombre de l'empereur qui me pousse en avant; je ne m'arrêterai que lorsque j'aurai repris l'épée d'Austerlitz, remis les aigles sur nos drapeaux et le peuple dans ses droits.

Vive la France!

NAPOLÉON.

Boulogne, le   1840.

Proclamation à l'armée.

Soldats !

La France est faite pour commander, et elle obéit. Vous êtes l'élite du peuple, et on vous traite comme un vil troupeau. Ils voudraient, ceux qui vous gouvernent, avilir le noble métier de soldat. Vous vous êtes indignés et vous avez cherché ce qu'étaient devenues les aigles d'Arcole, d'Austerlitz, d'Iéna. Ces aigles, les voilà! Je vous les rapporte, reprenez-les! Avec elles vous aurez gloire, honneur, fortune, et, ce qui est plus que tout cela, la reconnaissance et l'estime de vos concitoyens.

Soldats! entre vous et moi il y a des liens indissolubles : nous avons les mêmes haines et les mêmes amours, les mêmes intérêts et les mêmes ennemis.

Soldats! la grande ombre de l'empereur Napoléon vous parle par ma voix.

Soldats! aux armes! Vive la France!

LOUIS-NAPOLÉON.

Boulogne, le   1840.

Dans cette proclamation double, puisqu'elle s'adressait au peuple aussi bien qu'à l'armée, rien n'était oublié pour amener l'un et l'autre à la rébellion. La troisième pièce, non moins curieuse, avait pour but de se rallier les habitants de la contrée et des pays environnants; la voici :

Proclamation du prince Napoléon-Louis aux habitants du département du Pas-de-Calais.

Habitants du Pas-de-Calais et de Boulogne!

Suivi d'un petit nombre de braves j'ai débarqué sur le sol français, dont une loi injuste m'interdisait l'entrée. Ne craignez point ma témérité : je viens assurer les destinées de la France et non les compromettre. J'ai des amis puissants à l'extérieur comme à l'intérieur qui m'ont promis de me soutenir. Le signal est donné, et bientôt toute la France, et Paris la première, se lèveront en masse pour fouler aux pieds dix ans de mensonge, d'usurpation et d'ignominie, car toutes les villes, comme tous les hameaux, ont à demander compte au gouvernement des intérêts généraux qu'ils a trahis.

Voyez vos ports presque déserts; voyez vos barques qui languissent sur la grève; voyez votre population laborieuse qui n'a pas de quoi nourrir ses enfants, parce que le gouvernement n'a point osé protéger son commerce, et écriez-vous avec moi : Traîtres, disparaissez! l'esprit napoléonien, qui ne s'occupe que du bien du peuple, s'avance pour vous confondre!

Habitants du département du Pas-de-Calais! ne craignez point que les liens qui vous attachent à vos voisins d'outre-mer soient rompus. Les dépouilles mortelles de l'empereur et l'aigle impériale ne reviennent de l'exil qu'avec des sentiments d'amour et de réconciliation. Deux grands peuples sont faits pour s'entendre, et la glorieuse colonne qui s'avance fièrement sur le rivage comme un souvenir de guerre deviendra un monument expiatoire de toutes nos haines passées!

Ville de Boulogne! que Napoléon aimait tant, vous allez être le premier anneau d'une chaîne qui réunira tous les peuples civilisés; votre gloire sera impérissable, et la France votera des actions de grâces à ces hommes généreux qui les premiers ont salué de leurs acclamations notre drapeau d'Austerlitz.

Habitants de Boulogne! venez à moi et ayez confiance dans la mission providentielle que m'a léguée le martyr de Sainte-Hélène. Du haut de la colonne de la grande armée le génie de l'empereur veille sur nous; il applaudit à nos efforts, parce qu'ils n'ont qu'un but, le bonheur de la France.

Napoléon.

Le général **Montholon**, faisant fonctions de *major-général*.
Le colonel **Voisin**, faisant fonctions d'*aide-major-général*.
Le commandant **Mesonan**, *chef d'état-major*.

Boulogne, le   1840.

Ainsi, la maison d'Orléans, la branche aînée des Bourbons, le peuple français dans son universalité, et en leur particulier les habitants du Boulonnais et du Calaisis, étaient prévenus des intentions du nouvel empereur; nous lui appartenions par droit de naissance, et sans doute aussi c'était par son omnipotence venue du droit divin qu'il anéantissait d'un coup de plume la Charte revisée de Louis XVIII, et qui est maintenant l'œuvre avouée et jurée dans son maintien par le peuple français; c'était mal s'annoncer,

Cependant on cheminait ; mais, au lieu de marcher avec la prudence qui doit être l'âme de pareilles tentatives, à chaque cabaret que l'on rencontrait sur la route on faisait halte, et on ajoutait un surcroît immense de boissons, de bière, de vin, de champagne et d'eau-de-vie à toutes les libations nocturnes. Aussi les officiers et les soldats ne possédaient qu'une faible partie de leur raison au moment bientôt venu où la sagesse, le sang-froid et l'énergie auraient dû guider leurs pas et leurs actions.

Lorsque l'on fut parvenu à la droite de la Colonne on s'arrêta un instant ; le drapeau salua le monument national, et puiś l'avant-garde se remit en route. Ce fut alors qu'un des officiers du groupe, s'apercevant que M. Bally causait avec le sous-brigadier Audinet, vint à eux, leur enjoignant de terminer ce colloque ; et puis, entamant un autre texte :

« Apprenez, leur dit-il, que le prince Louis-Napoléon, « l'allié de l'Angleterre, de l'Autriche, de la Prusse et de « la Russie est avec nous ; c'est lui qui nous commande, « et auquel vous obéirez tous bientôt, car Boulogne va le « recevoir en souverain, et sous peu de jours Son Altesse « impériale sera proclamée empereur par la nation, qui « le désire, et par le conseil des ministres, qui l'attend. »

A ces mots, M. Bally, qui jusque-là n'avait pas compris parfaitement sa position et l'entreprise que l'on tentait, s'épouvanta avec raison du rôle double qu'on lui faisait jouer, et, s'adressant à qui venait de lui faire luire une clarté si fatale, déclara que ni ses employés ni lui-même ne voulaient prendre part à une telle action, qu'il suppliait le chef de les laisser tous partir, puisque Boulogne était devant eux et que leur concours cessait d'être utile.

M. de Montholon (on prétend que c'était lui qui parlait) ne voulut pas accorder une demande aussi juste ; il insista pour que les guides allassent encore avec eux ; mais, à quelques cent vingt mètres plus loin, M. Bally ayant renouvellé loyalement sa demande au prince en personne, celui-ci répondit :

« Eh bien, soit, retournez à Vimereux, mais sous con-
« dition expresse que vous irez directement et sans mot
« dire de ce qui vient de se passer. »

Charmés d'obtenir leur délivrance à un tel prix, les
douaniers promirent tout ce qu'on exigea d'eux, et s'é-
loignèrent tous ensemble, étant moins accompagnés
qu'observés par un piquet de quatre soldats, qui les suivirent jusqu'au pied de la Colonne, d'où ils les virent se
diriger promptement vers le lieu appelé dans le pays la
Cruche-de-Wimille. Comme l'on se séparait, M. Bally
fût accosté par un officier supérieur qui lui présenta, en
forme de salaire, une forte poignée d'argent, et le même
mode de séduction était employé par d'autres rebelles
envers ses gens. Ceux-ci et lui repoussèrent avec viva-
cité et dédain un aussi vil moyen de corruption. Un seul
douanier n'imita point ses confrères; il n'appartient déjà
plus à ce corps, et la justice rigoureuse est à sa poursuite.

Cinq heures sonnaient aux horloges de Boulogne lorsque la masse armée des factieux en atteignit les murailles.
Boulogne, ville ancienne, autrefois chef-lieu d'un comté
souverain qui porta son nom, avait été donné par
le roi Louis XI à la Sainte-Vierge ; depuis, tombé dans
l'héritage des Médicis à cause de Jeanne de Latour, mère
de Catherine de Médicis, il rentra par cette reine dans
le domaine des rois de France. Napoléon avait choisi son
port, sa rade et sa plage pour le quartier général de
l'armée et de la flotte qu'il destinait à la descente en
Angleterre. Ville populeuse, ville illustre qui garde un
monument du passage glorieux de César et de celui de
Napoléon, elle est éminemment française, et là surtout on
repousse tout ce qui vient de l'autre côté de la Manche,
et là on ne s'est pas mépris sur l'excitateur direct de ce
complot insensé.

XI.

Le prince Louis, impatient de se *faire reconnaître et
proclamer*, parut, dès son entrée à Boulogne, devant la

caserne où était logé le 42e de ligne : là ses agents, saisissant l'à-propos du lever des soldats, leur annoncent son arrivée et quelle intention l'amène parmi eux ; ils leur lisent la proclamation militaire, ils leur promettent des grades, un avancement rapide et de l'argent.

Un seul traître placé dans le régiment même et déjà vendu à l'avance s'est rallié au prince : c'est le lieutenant des voltigeurs Aladenise. Il était, le 5 au soir, à Saint-Omer, avec l'état-major de son régiment ; mais ayant reçu à cette heure un message du sieur Bosaillé, l'un des conjurés, il en partit dans la nuit, et était accouru à Boulogne avant le prince, car il put le rejoindre à Vimereux ; en face des soldats accoutumés à son commandement, il essaya de toutes manières de les entraîner.

Sur ces entrefaites apparut dans la caserne un de ces hommes des temps anciens, un brave sans peur et sans reproche qui, bon patriote, sait ce qu'il doit à sa patrie et au serment qu'il a prêté : c'est le capitaine des grenadiers Puygellier, commandant le détachement du 42e en garnison dans cette ville. Sa loyale fermeté, loin de se laisser séduire, comprima l'élan que le lieutenant Aladenise cherchait à imprimer, et j'aime à présenter à mes lecteurs les propres paroles de ce noble militaire. Son rapport à M. Demarle, commandant de la place de Boulogne, peindra mieux que je ne le ferais ce qui s'est passé dans la caserne et apprendra officiellement quel service éclatant sa fidélité a rendu au roi des Français et à notre patrie :

RAPPORT DU CAPITAINE PUYGELLIER, COMMANDANT DE LA
CASERNE DE BOULOGNE.

A M. Demarle, commandant de la place de Boulogne.

Mon commandant,

J'ai l'honneur de vous rendre compte à la hâte que ce matin, vers six heures moins un quart, Aladenise, lieutenant de voltigeurs au 42e régiment de ligne, est arrivé très-empressé à la caserne et a dit au sergent-major Clément : « Allons ! vite aux armes! Que les grenadiers et voltigeurs descendent lestement!» a-t-il dit. Pendant qu'en effet tout le détachement descendait, le prince Louis est entré avec un nombreux état-major et une quarantaine d'hommes armés, militairement habillés et coiffés de schakos portant le n° 40. M. Aladenise a aligné les deux compagnies, a appelé les sous-officiers; et le prince Louis, embrassant à droite et à gauche, a dit à tous les sous-officiers qu'ils étaient officiers, à tous les soldats qu'ils seraient décorés; qu'il rentrait en France pour la venger de l'humiliation qu'elle subissait depuis dix années; qu'il comptait sur tous les braves, et autres choses analogues.

Pendant ce temps un grenadier s'était échappé et était venu me prévenir. Je suis accouru; mais la porte de ma caserne était fortement occupée par ces individus, qui sont tombés sur moi et m'ont dit : Prisonnier! (entr'autres un grand colonel). J'ai mis sabre en main et me suis vigoureusement prononcé pour arriver à mes soldats, qui étaient dans la cour de la caserne. Le prince Louis s'est présenté et m'a dit : « Capitaine, soyez des nôtres, et vous aurez tout ce que vous voudrez, etc. » Je lui ai répondu : Prince Louis on non, je ne vous connais point; Napoléon, votre prédécesseur, avait abattu la légitimité, et c'est à tort que vous voudriez ici la réclamer: qu'on évacue ma caserne! » Tout en luttant et criant ainsi, je m'approchai de mes soldats, qui, sitôt qu'ils m'ont aperçu, sont accourus et ont repoussé hors de la porte ce groupe ennemi. Tous les officiers du détachement se trouvaient alors près de moi, et pendant que j'ordonnais ma troupe, le groupe a voulu rentrer et parlementer; mais alors je leur ai signifié de se retirer ou que j'allais employer la force. Comme je m'adressais particulièrement au prince Louis, il m'a tiré un coup de pistolet dont la balle a atteint un grenadier à la bouche *.

Aussitôt j'ai fait refouler le groupe et fermer la porte. J'ai

---

* Il serait possible que le prince Louis n'eût pas commis cet acte coupable, la femme du malheureux blessé ayant déclaré authentiquement que le conspirateur qui a tenté d'arracher la vie à son mari et qu'elle a vu tirer le coup de pistolet est un homme de haute taille, aux formes lourdes, dont la corpulence est peu commune et qui lui a paru être d'un âge avancé. Ce portrait positif ne s'applique pas au chef de l'entreprise.

fait distribuer des cartouches à tous mes hommes, après les avoir bien instruits de ce qui se passait, et j'ai pris de mon autorité les mesures suivantes : j'ai envoyé deux tambours, escortés de quatre hommes armés, battre la générale en ville ; j'ai envoyé un détachement de vingt hommes, commandé par un sous-lieutenant, prendre les ordres du commandant de place et s'assurer du château ; j'ai doublé la garde de l'Arsenal, et j'ai envoyé un sous-lieutenant et vingt hommes s'assurer du port. C'est peu de temps après toutes ces dispositions que j'ai reçu de vous l'ordre de me transporter sur la place de la ville haute, où je vous ai trouvé.

Je dois vous assurer, mon commandant, qu'en cette circonstance critique, depuis le soldat jusqu'au capitaine, tout le monde s'est parfaitement acquité de son devoir, malgré l'or, l'argent, les promesses et tout autre moyen de séduction. Je me réserve même, dès que j'en aurai le temps, de vous signaler particulièrement ceux qui se sont le plus distingués. Je présume avoir à vous faire un rapport très-avantageux sur M. Rugon, sous-lieutenant des grenadiers, qui a poursuivi les fuyards jusqu'au bord de la mer, où ils ont été pris en plus grand nombre.

J'ai l'honneur d'être, etc.

Le capitaine commandant le détachement
du 42e, à Boulogne.

Assurément, après une telle collision et le sang français ayant coulé dans cette caserne, les ennemis de la paix publique n'avaient rien à demander ni attendre de ces braves militaires, qui ne pouvaient les voir désormais qu'avec colère et mépris. Renonçant donc à égarer le 42e, inébranlable dans sa loyauté, les agitateurs se tournèrent vers le peuple, espérant davantage et comptant en son concours.

Les voilà qu'ils sortent avec précipitation de la caserne, se répandent dans les rues, les places, les lieux publics, jetant dans les mains de qui veut les prendre le prétendu décret impérial, les proclamations et de l'argent; ils poussent ensemble le cri de *vive l'empereur !* et, suivis

de plus de curieux que de dupes ou de traîtres, ils arri-
vent à la place d'Alton.

Là étaient cinq soldats, dont un caporal nommé Morange ; on court à eux, on les caresse, on les prie, on les
exhorte, on les menace, on fait briller à leurs yeux des
pièces d'or... C'est en vain ; ces braves, inaccessibles à la
flatterie comme à la cupidité et à la terreur, se maintien-
nent dans leur loyale détermination de fuir la félonie, et
là encore les conspirateurs dédaignés sont vaincus.

Ceci ne les désenivre pas encore ; ils se rangent autour d'un drapeau tricolore surmonté d'une aigle d'or,
tenant la foudre dans ses serres, et sur le taffetas de l'é-
tendard on a écrit en lettres d'or les victoires principales
remportées par Napoléon. A la vue de cette bannière ainsi
souillée, les Boulonnais détournent la tête en maudis-
sant les audacieux, les fils ingrats qui viennent apporter
la guerre civile dans la France pour peu que le succès
réponde à leurs efforts. En cheminant toujours les factieux
parviennent à la haute ville et font un halte près l'hôtel
de la sous-préfecture.

C'est dans cette occurrence critique et solennelle que
le sous-préfet de Boulogne, M. Launay-Leprevost, instruit par la rumeur publique de ce qui se passait, et
déjà vivement secondé par les mesures énergiques prises
par le sieur Bergeret, commissaire de police de cette ville,
dont le zèle infatigable est digne d'éloges, c'est alors, dis-
je, que le sous-préfet vint payer de sa personne : revêtu
de son uniforme d'administrateur, seul il s'avance har-
diment vers le groupe de rebelles, et les somme, au
nom de la loi et du roi, de mettre un terme à leur entreprise criminelle.

« Méritez, leur dit-il, la clémence du souverain, sépa-
« rez-vous et abattez ce drapeau de sédition. Soldats, votre
« conduite actuelle répond-elle à ce que vous avez juré ? »

Le sous-préfet, trompé par leur costume, croyait parler à des militaires ; à sa voix une indécision momentanée suspend la marche des révoltés, ils s'arrêtent, peut-
être déjà ressentent-ils les premières flèches du repentir ;

mais le prince Louis, élevant la voix, ordonne de repousser cet ennemi *de son empereur*; il dit, et à l'instant même, le sous-préfet, frappé avec force du manche du drapeau dans la poitrine, est renversé par terre et ne se relève que douloureusement contusionné.

Néanmoins, au lieu de fuir et d'abandonner la partie, M. Launay-Leprevost se rend au poste de la ville, fait battre le rappel et y rassemble les gardes nationaux, qui répondent au cri de péril poussé par les magistrats, mais d'abord avec une lenteur périlleuse à laquelle ne tarda pas de succéder un empressement véritablement patriotique.

Dès que la masse des gardes nationaux fut assez forte pour faire espérer que force resterait à la loi, lorsque le colonel de cette garde civique, M. Sansot, fût venu rejoindre le sous-préfet et prendre ses ordres, M. Launay se plaça à la tête de la population légalement armée; mais on oublia de distribuer des cartouches, ce qui fut cause que l'on ne put faire de démonstrations imposantes que lorsque cet oubli eût été réparé.

De son côté, le maire de Boulogne, M. Al. Adam, réveillé dans la paix publique par ces démonstrations de guerre, fut pendant quelque temps incertain de quel côté il devait courir pour combattre utilement la révolte; son propre rapport exprime ce mouvement d'embarras; puis, bien instruit et plus calme, il invita le directeur des douanes de faire armer ses employés; il s'en vint à la recherche du sous-préfet, activa le rassemblement de la garde nationale, commanda au lieutenant du port, dont l'activité et l'énergie lui étaient bien connues, de s'adjoindre une force respectable, afin de s'emparer du bateau à vapeur, ou de le contraindre par des mesures hostiles à prendre le large, tout ceci dans le but de couper la retraite par mer aux factieux.

Pendant que les diverses autorités faisaient battre la générale, appelaient tous les Boulonnais à la défense du territoire, le groupe des rebelles, honteusement grossi de ces misérables l'écume et le *caput mortuum* ordinaire des

cités, s'effrayant enfin de son isolement, et comprenant
que ceux qui lui avaient promis l'assistance de la population les avaient indignement joués, cherchèrent, non
à se maintenir dans la ville, mais à en sortir. Les magistrats avaient fait fermer les portes de la haute ville. Les
rebelles, tentèrent d'enfoncer à coups de hache la porte de
Calais, défendue avec autant de vaillance que d'habileté
stratégique par un détachement de vingt hommes du
42e sous les ordres d'un officier.

Repoussé d'ici comme d'ailleurs, ne voyant plus d'espoir de succès et craignant de ne pouvoir effectuer sa retraite, le prince Louis, accoutumé plus aux revers qu'aux
victoires, et ce n'est pas ainsi que procédait celui auquel
il veut succéder, le prince Louis, dis-je, se dirigea, suivi
des siens, vers la Colonne de la grande armée, distante
de Boulogne d'un kilomètre, et bientôt sur ce monument
de gloire flotta le drapeau déjà vaincu.

A peine les révoltés prenaient-ils position dans ce lieu
qu'ils virent marcher contre eux la garde nationale, conduite par son colonel, M. Sansot, par le sous-préfet, par
M. Dutertre-Delporte, premier adjoint, et que protégeait
par sa marche avancée la gendarmerie, guidée par son
intrépide lieutenant, M. Billot; les vingt soldats de la porte
de Calais et leur officier appuyaient aussi la garde nationale, encore contenue par le peu de tirailleurs de l'ennemi, qui, postés derrière les arbres plantés à l'entour du
monument, n'étaient pas dans une position à dédaigner.

AVIS.

*Afin de satisfaire à l'empressement du public, nous publions
aujourd'hui (14 août) cette première partie. La suite, qui con-
tiendra des* DOCUMENTS DU PLUS HAUT INTÉRÊT, *paraîtra mardi
prochain.*

XII.

Le colonel Sansot faisait ses dispositions pour attaquer, lorsque le sous-préfet, ému de pitié pour tant de pères de famille, dit que la ligne et la gendarmerie devaient commencer le combat. Ces deux armes, jalouses de l'honneur de porter les premiers coups, manœuvraient déjà pour couvrir la garde nationale; mais de celle-ci partit un cri spontané, celui d'un refus énergique : « Les citoyens veulent conserver leur rang, le péril ne les effraie pas, et c'est de l'honneur qu'ils espèrent! » Le sous-préfet se rend à leur vœu, manifesté énergiquement par le colonel, et le signal du combat est donné.

Mais à peine la charge a été battue que les rebelles s'épouvantent de leur petit nombre, et, désillusionnés de tout espoir de secours et de sympathie nationale, loin de tenir tête, lâchent le pied, la plupart jettent leurs armes, et se mettent à fuir avec tant de précipitation qu'ils abandonnent dans l'escalier du monument et leur drapeau et celui qui le portait.

L'affaire, qui semblait devenir sanglante, n'est plus qu'une débandade complète, chacun s'échappe comme il peut. Les gardes nationaux, les soldats, les gendarmes, les bourgeois, les paysans s'éparpillent et courent à la recherche des factieux. Les uns se cachent dans les champs, d'autres sur les rochers, quelques-uns entrent dans des maisons isolées. Le plus grand nombre, ayant le prince en tête, tâchent de regagner le bord de l'Océan, où ils espéraient pouvoir se rembarquer.

Déjà plusieurs sont arrêtés. Le sieur Bouffé-Montauban, colonel, le lieutenant Aladenise et cinq autres avec eux tombent aux mains du lieutenant Billot, et on ne doute pas de parvenir à s'emparer des autres, d'autant que l'ordre du maire a été bien exécuté. Le lieutenant de port, M. Pollet, en unissant le courage à l'intelligence, arvient à s'emparer du bateau à vapeur. Son rapport,

que je place ici, fera connaître quel service important il
a rendu à la chose publique :

*Rapport du lieutenant de port de Boulogne au maire de cette
ville sur la matinée du 6 août.*

Monsieur le maire,

Le matin du 6 août, les tambours de la garde nationale battant
la générale, je fus immédiatement sur le port, où j'étais depuis
quelque temps, lorsque, me rendant chez vous, monsieur le
le maire, je rencontrai, vers six heures et demie, M. Bergeret,
commissaire de police, et M. Alexis Chauveau, qui, accompagnés d'un officier de la garnison commandant un détachement
de troupes de ligne, conduisaient comme prisonniers le général
Montholon et un autre officier supérieur.

Précédemment à cette rencontre, j'avais remarqué un navire
à vapeur anglais, nommé *le Château-d'Édimbourg,* mouillé devant le port, en petite rade. Ne me rendant pas compte de cette
manœuvre inaccoutumée, je pris des informations, et M. Go-
trot, deuxième maître de port, de service en ce moment, m'ap-
prit que le bruit courait que ce paquebot avait effectué un débarquement d'hommes armés, à la tête desquels se trouvait le
prince Louis Bonaparte.

Présumant tout l'avantage qu'il y aurait à s'emparer de ce
navire pour enlever tout moyen de retraite, je me rendis en
toute hâte chez vous pour vous demander vos instructions ; ne
vous ayant pas trouvé, j'allai dans le même but chez M. le sous-
préfet, où je vous rencontrai, et je reçus de vous l'ordre de
prendre toutes les mesures que je jugerais nécessaires pour
m'emparer de ce navire à vapeur, le faire rentrer dans le port
ou le mettre à la côte ; je me rendis sur le port. En passant devant le front de la garde nationale qui était réunie sur l'Espla-
planade, je demandai de votre part à M. Demarle, major de la
garde nationale, de mettre à ma disposition un piquet pour
maintenir l'ordre sur le port, et, en cas de besoin, me prêter
aide et assistance, ce qu'il voulut bien m'accorder de suite en
mettant à mes ordres la compagnie de voltigeurs du second bataillon de la légion.

Je me rendis au poste de la douane, où je trouvai M. le contrôleur Baquet avec ses hommes sous les armes; prévoyant que les individus valides ou armés étaient tous débarqués à terre et que j'éprouverais peu de résistance à bord du navire, je ne demandai à M. Baquet que quatre hommes armés, afin de ne pas épouvanter le capitaine et l'équipage du bateau à vapeur, qui aurait pu s'échapper en coupant ou en filant son câble, si je me présentais avec trop de monde.

D'ailleurs, il fallait de la célérité pour atteindre le but que je me proposais, et peu d'hommes déterminés suffisaient; j'avais en outre le pilote Huret et cinq hommes.

Avant de pousser au large, je fis cacher les fusils chargés au fond du bateau, j'ordonnai de préparer à l'instant une autre embarcation montée de son équipage, le pilote Wadoux, cinq canotiers et deux gendarmes de marine, ce qui fut exécuté.

Quelques instants après, ce canot, qui vint me rejoindre, était commandé par M. Cary, premier contre-maître de port.

En faisant route pour la rade, je rencontrai le canot du paquebot à peu de distance de la jetée de l'Ouest; il me héla en français, et me demanda si j'étais le pilote du port; je lui répondis oui, sans ralentir ma marche.

Dans ce moment, je pensai que ce canot était placé là en attendant des ordres. Alors, doublant de vitesse, j'abordai le navire et montai sur le pont; je donnai l'ordre au capitaine d'appareiller aussitôt pour le port, ce à quoi il se refusa d'abord; mais lui ayant signifié que mes hommes et moi allions exécuter la manœuvre s'il ne le faisait de bonne grâce, et l'ayant, à diverses reprises, menacé d'employer la force, il finit par s'y décider.

Arrivé à une encâblure ou 200 mètres de la jetée de l'ouest, le capitaine, s'apercevant qu'on tirait de la plage sur des hommes qui étaient à la nage, arrêta son navire; je lui signifiai vivement de continuer sa route en le menaçant de m'emparer de sa personne, et le contraignis de gagner le port. M. Cary était arrivé à bord avec la seconde embarcation, montée par le pilote Wadoux, cinq canotiers et deux gendarmes de la marine.

En ce moment la fusillade de la plage continuant toujours, je pensai devoir m'emparer de l'embarcation et des hommes qui cherchaient à la rejoindre à la nage ; je donnai l'ordre à **M. Cary** d'effectuer la rentrée du navire à vapeur pendant que j'allais me diriger vers la plage ; je pris l'un des canots, que je fis monter par cinq canotiers et les deux gendarmes, laissant sous les ordres de **M. Cary** les pilotes Hubert, Wadoux, cinq hommes et les quatre employés de la douane.

Je me dirigeai à force de rames sur les hommes à la nage : lorsque je fus arrivé au milieu d'eux je me mis en devoir de m'emparer du prince Louis et de son état-major, composé de trois personnes, dont l'une, revêtue, comme son chef, des insignes et de l'uniforme supérieur, était armée d'une épée dont je m'emparai ; les deux autres avaient retiré leurs habits pour nager plus facilement vers le paquebot.

Au même instant, M. Dutertre, capitaine de voltigeurs, aidé des surveillants de *la Société humaine*, s'emparait, au moyen d'un petit canot appartenant à cette même société, d'un autre officier de la suite du prince qui se trouvait beaucoup plus rapproché de la plage.

Je rentrai immédiatement et je pris terre à l'escalier de la jetée Pidon, où je vous ai rendu compte verbalement de l'exécution de la mission dont vous m'aviez chargé. En cette circonstance, monsieur le maire, je n'ai qu'à me louer des hommes que j'avais sous mes ordres. Je vous recommanderai M. Cary, les deux équipages des canots pilotes montés par Huret François, Wadoux Nicolas et les canotiers Batez père et fils, Meuniez Bernard, Malfroy Jacques, Fournier Nicolas, Jennequin Louis, Loiseau Pierre, Deschartes Nicolas ; les quatre employés de la douane Lebleu Pierre, Warot Pierre, Harlé François et Pochet Joseph, mais particulièrement Wattez, Bartez fils, aspirant pilote, Meuniez Bernard, Loiseau Pierre, Fournier Nicolas, et les deux gendarmes Theiz et Noyon qui étaient dans l'embarcation lorsque je m'emparai du prince Louis Bonaparte.

J'ai l'honneur d'être, etc.

Le lieutenant de port, POLLET.

Boulogne, 6 août 1840.

Assurément, tous ces honorables citoyens se recommandent à la reconnaissance du pays, et l'on ne doute pas qu'ils ne reçoivent du gouvernement les récompenses qu'ils méritent.

XIII.

Mais il faut reprendre le récit interrompu par ce brillant épisode.

Le lecteur doit se rappeler que le moment où la brave garde nationale de Boulogne allait charger résolument était devenu celui de la déroute des conspirateurs et de ceux qui s'étaient joints à eux. Le prince Louis, que plusieurs s'attendaient à trouver mort sur la plage, en conséquence du désespoir et de la honte qu'on lui supposait, et qui, dans ce jour malencontreux, devaient lui faire préférer le trépas à une vie désormais pour lui sans gloire parce qu'elle sera sans estime, le prince Louis, persuadé, à l'inverse du propos de Barrère, qu'*il n'y a que les morts qui ne reviennent pas,* s'était saisi d'une embarcation isolée, dans la pensée sans doute de revenir une troisième fois. Les compagnons du fugitif, trop atteints par la terreur pour observer les règles de l'étiquette, lui disputèrent en si grand nombre sa planche de salut que la nacelle chavira, et tous nageaient encore lorsque le lieutenant Pollet, en leur sauvant la vie, vint les priver de leur liberté.

Ce fut alors, et il faut l'avouer avec cette impartialité dont je m'enorgueillis, que quelques-uns de ces lâches qui avaient reculé devant une apparence de péril lorsque les rebelles semblaient à craindre se ruèrent sur eux le fusil à la main, dit-on, lorsqu'à demi noyés ils ne pouvaient plus se défendre, et là, par un calcul d'avidité horrible, firent feu sur ces malheureux, qui, loin de les attaquer, ne pouvaient plus se défendre. Là on égorgea donc, car c'est là le mot, et plût à Dieu que l'on me prouvât le contraire! j'en serais heureux et fier, là, dis-je, on fusilla à bout portant le sieur Faure, sous-intendant militaire, atteint d'une balle à la tête, un soldat polonais dont l'épaule cassée a nécessité l'amputation du bras, et le colonel Voisin, frappé de plusieurs coups de feu. Un inconnu jusqu'à cette heure est demeuré étouffé sous les flots.

Avant de se retirer vers la Colonne, les insurgés avaient abandonné le vieux comte de Montholon et le colonel Parquin, ceux-ci trop fatigués pour fuir avec les autres. Le commissaire de police M. Bergeret, assisté de M. Chauveau-Soubitez, officier de la garde nationale, arrêtèrent ces deux individus, et en ce moment une voix partie de la foule s'écria :

« Comte de Montholon, est-ce ainsi que vous avez voulu « rendre vos comptes relatifs au testament de Napoléon « et aux sommes confiées en vos mains? »

Presque tous les révoltés tombèrent successivement au pouvoir de l'autorité.

Le sous-préfet de Boulogne fit afficher, le 8 août, la proclamation suivante :

« Habitants de Boulogne !

« Une tentative insensée, mais qui pouvait avoir les plus graves résultats pour la France et pour vous, vient d'échouer devant votre énergique devoûment. Louis Bonaparte est entre les mains de la justice. Déjà vous trouvez dans la conscience du devoir que vous avez si courageusement rempli une première récompense ; la reconnaissance du pays tout entier, que vous préservez peut-être d'une commotion violente, ne peut vous manquer.

« Le roi que vous-mêmes avez choisi et qui a si bien justifié votre confiance sait peut-être déjà ce qu'il doit aux bons citoyens de la ville de Boulogne, et en son nom j'ose d'avance vous féliciter.

« Honneur à la garde nationale ! Honneur aux habitants de Boulogne !

« Le sous-préfet, Launay-Leprevost. »

L'autorité municipale, moins laconique que le premier magistrat de l'arrondissement, s'est à son tour exprimée en ces termes :

« Habitants de Boulogne !

« Un insensé que n'a pu corriger le premier échec qu'il a éprouvé à Strasbourg et dans le cœur duquel la générosité du roi qui lui a fait grâce de la peine qu'il avait encourue n'a pu faire entrer le moindre sentiment de véritable honneur a tenté ce matin de vous soulever en invoquant les illustres souvenirs du grand homme dont il prostitue le nom. Accompagné de quelques anciens officiers séduits par leur ambition, et une cinquantaine d'hommes portant d'uniforme de soldats, mais n'ayant pas l'honneur d'appartenir à notre brave, à notre fidèle armée, il a débarqué, au point du jour, à Vimereux.

« A cinq heures du matin, ses partisans, répandus dans plusieurs rües, frappaient aux portes, distribuant des proclamations incendiaires et jetant des poignées d'argent; prix dont ils espéraient payer des dévoûments mercenaires, comme si, tous tant que vous êtes, pauvres et riches, ouvriers et commerçants, vous pouviez être conduits par d'autres mobiles que par votre amour pour votre patrie, votre dévoûment aux institutions qui vous font libres, votre attachement à la dynastie qui règne de par la volonté de la nation.

« A cinq heures et demie, le prince Louis Bonaparte était à la caserne, où il espérait entraîner les braves compagnies du 42e, et là, de cette même main qui venait de signer sa folle proclamation à l'armée, il arrachait la décoration d'un capitaine et tirait à bout portant un coup de pistolet sur un officier désarmé. Le coup fut détourné, et la balle destinée au chef alla frapper à la joue un soldat qui maintenant est sur un lit de douleur.

« Ainsi le premier acte de cet homme qui vient vous parler d'honneur et de gloire a été une lâcheté, la première preuve de sa sympathie pour l'armée a été de l'insulter tout entière dans la personne d'un vieux capitaine.

« Habitants de Boulogne ! est-il besoin de vous prémunir contre les détestables conseils de ces ambitieux qui veulent sur toutes choses le désordre, et, à l'aide du désordre, le pouvoir et les honneurs, et qui ne vous apportent que la misère et la guerre civile ? Non ! et vous les avez à l'instant jugés, et à leur folle tentative vous avez tous, dans un même et patriotique élan, répondu par les cris mille fois répétés de *vive le roi! vive la Charte!*

« Gardes nationaux et soldats du 42e de ligne!

« Votre conduite a eté admirable, et la France, que votre énergie, votre zèle, votre dévoûment à votre pays viennent de sauver en quelques heures de la guerre civile que lui apportaient ses ennemis, vous en remerciera.

« Au premier appel vous étiez tous à votre poste, au poste de l'honneur! Il vous a suffi de vous montrer, et de toutes parts ces insensés ont fui devant vous. Ils se sont précipités vers la plage, fuyant en hâte cette belle terre de France au sein de laquelle ils espéraient trouver la trahison, et où veillaient au contraire votre fidélité et vos serments, et tous ont été arrêtés par vous et conduits à l'instant sous escorte au château, d'où ils ne sortiront que pour paraître devant la justice du pays.

« Honneur à vous! honneur à notre armée si fidèle! honneur à cette belle institution de la garde nationale, contre laquelle les factions viendront toujours se briser!

« Et nous aussi, disons : Dieu protége, Dieu sauve la France! Dieu la sauve de révolutions nouvelles!

« Habitants, gardes nationaux et soldats! vos magistrats et vos chefs vous remercient; ils veillent à la sécurité publique; la justice informe, et de cette pitoyable échauffourée il ne reste déjà plus que le triste souvenir.

« Le maire de Boulogne, AL. ADAM.
« Les adjoints, MARTINET, DUTERTRE-DELPORTE.

« Boulogne, 6 août, dix heures du matin. »

Ainsi, dans l'espace de quelques heures, avait croûlé, pour la seconde fois et de la même façon qu'à la première, la réédification du trône impérial, rêvée par un homme incapable de conduire à bien la plus simple entreprise. C'était sans appui certain à l'intérieur, sans concours patent de l'étranger, sans un nombre de soldats assez considérable pour soutenir un premier choc, et sans aucune ressource dans son génie, dans son expérience, dans l'expérience et le génie de ses alentours, et n'ayant pour lui que le prestige de son nom, que Louis-Napoléon était venu se jeter en aventurier sur une terre qu'on ne soulève pas en la frappant du pied. Prince obscur, environné d'hommes inconnus à la nation autant que lui, n'ayant pu se faire accompagner d'aucun de ces grands noms qui naguère encore commandaient le respect et l'admiration, quel était son espoir? où pensait-il rencontrer ce qui lui manquait? En vérité, quand on y réfléchit, on se demande ce que la France serait devenue si celui-là eût été son souverain.

A part toutes ces considérations, se peut-il que d'autres non moins majeures ne soient pas venues l'arrêter dans sa course sans mesure? quoi! pas même le souvenir de cette grâce royale qui devait demeurer comme un poids sur son cœur! En vérité, il me semble que c'est chose honteuse que de montrer autant d'ingratitude envers qui est réellement notre bienfaiteur. Je sais que ces sentiments délicats de reconnaissance ne sont que de vains mots pour ceux qui siégent sur les trônes; et nous avons vu s'armer contre Napoléon, par exemple, Murat, son beau-frère, et tant d'autres souverains dont il avait affermi la couronne ou agrandi les États.

Les rebelles prisonniers ne pouvaient s'accoutumer à leur mésaventure; ils s'étaient imaginés que les populations, ivres du nom de Bonaparte et lassées du régime actuel, accoureraient en foule vers leur libérateur. L'aveuglement du vieux Montholon était tel qu'au moment de son arrestation il se mit à dire à ceux qui le mettaient en prison :

« Dans deux heures, vous serez trop heureux de venir « vous-mêmes me délivrer. »

Quant au chef sans mérite de cette tentative extravagante, il se défendit quelque peu dans l'eau, où il était à demi noyé; on parvint à l'en retirer, et alors, s'abandonnant à sa mauvaise étoile, il n'opposa aucune résistance, et pâle, harassé, accablé, humilié, il rendit son épée en répétant avec autant de regret que d'amertume : *Ah! comme ils m'ont joué! dans quel indigne piége suis-je tombé!*

Ma confiance dans de faux amis me rend à cette heure le jouet de mes vrais ennemis.

Il a failli être fusillé plusieurs fois par ces hommes, dont les démonstrations s'exaltaient à mesure que le péril disparaissait : ceux-là tirèrent sans pitié sur le prince presqu'au moment où la barque dans laquelle il était chavira. Ce chef malheureux arrêté, tout fut terminé. Il était environ neuf heures du matin. On le conduisit avec ses complices au château, où déjà le procureur du roi et le juge d'instruction s'étaient rendus, et où ils attendaient les factieux arrêtés. Ils avaient auparavant interrogé MM. de Montholon et Parquin. On mit les prisonniers dans diverses chambres, on les fit changer de linge et on leur donna à manger. Le prince Louis, blessé très-légèrement et très-fatigué, se coucha en arrivant. On trouva, tant sur lui que sur les autres, des sommes immenses en or, argent et billets de banque, qui furent inscrites et déposées au greffe *. Dans leur fuite sur le rivage, ils avaient semé leur chemin d'habits, de chapeaux, de schakos, de portefeuilles, de sabres, d'armes de toutes espèces, de cartouches, de munitions. C'était un

* On ne doit pas s'étonner de la quantité d'espèces que possédait naguère le prince Louis et les siens. Je vais donner, à ce sujet, des éclaircissements qu'a publiés une gazette assez bien instruite ordinairement :

« Dans ces derniers temps, Louis Bonaparte avait à sa disposition d'assez fortes sommes d'argent dont on explique ainsi l'origine : L'ancien roi de Hollande, Louis Napoléon, pendant son règne, qui fut si court, avait économisé trois millions qu'il avait employés à l'achat de diamants. Au moment de quitter la Hollande, un scrupule honorable le prit ; il crut n'avoir pas le droit d'emporter des diamants qui avaient été achetés avec l'argent du trésor public. En vain la reine Hortense lui représenta qu'il avait pu disposer comme il l'entendait des allocations de sa liste civile et qu'il n'en devait compte à personne, le roi persista, et les diamants restèrent à La Haye. Plus tard il ne voulut jamais consentir à rien réclamer du roi Guillaume, et c'est à son défaut que la reine Hortense et son fils Louis présentèrent au souverain des Pays-Bas des réclamations qui paraissent n'avoir pas été sans succès. On assure que le roi Guillaume aurait fait remettre à l'héritier de l'ancien roi de Hollande à peu près un million, comme indemnité des diamants laissés par son père. Ce serait avec cet argent que Louis Bonaparte s'est proposé de reconquérir le trône impérial. »

spectacle étrange et bizarre à voir que l'accablement stupide des prisonniers, la plupart étant encore sous l'empire de l'ivresse.

XIV.

A la nouvelle de ce qui venait de se passer, le garde-des-sceaux accourut d'Eu, où il avait été faire sa cour à la famille royale, qui alors habitait cette résidence. Là vint aussi et avec non moins de promptitude le préfet du Pas-de-Calais, M. Gauja, le général commandant le département, le général divisionnaire. M. Legagneur, ci-devant procureur-général à la Cour de Douai, dans le ressort de laquelle est Boulogne, passait dans cette ville au moment de l'échauffourée, il allait occuper à Grenoble la première présidence, mais comme son successeur à Douai n'était pas encore arrivé, lui, pour faire preuve de zèle, s'empressa d'entamer la procédure.

L'honneur de juger ce procès majeur élevait déjà un conflit dans la Cour de Douai, et voici ce qu'a écrit à ce sujet quelqu'un bien informé :

« La chambre des mises en accusation de la Cour royale s'est assemblée de très-bonne heure. Cette chambre a cru que c'était à elle et non aux chambres réunies de la Cour qu'appartenait, en vertu de l'article 235 du Code d'instruction criminelle, le droit d'évoquer l'affaire et de commencer les poursuites. Elle a rendu un arrêt en ce sens.

« Cependant M. l'avocat-général Hibon avait dressé un réquisitoire et convoqué la Cour en chambres réunies pour statuer.

« La Cour s'est en effet réunie à une heure, toutes chambres assemblées, et a entendu le réquisitoire du parquet. Après une longue délibération, l'avis de la chambre d'accusation a prévalu, et son arrêt a été sanctionné par les chambres assemblées.

« C'est donc devant les assises du Pas-de-Calais que Louis Bonaparte et ses complices devront être traduits si l'on suit les voies de la justice ordinaire.

« M. Petit, président de la chambre des mises en accusation, partait pour Boulogne, afin de commencer l'information. »

La sagesse du roi a mis fin à ces querelles, ainsi que nous le dirons bientôt.

Parmi les pièces historiques, les rapports et proclamations des autorités boulonnaises, dont on a remarqué l'enflure légère, les hommes de goût et de tact ont distingué la lettre, en date du 6 août 1840, du commandant de place de Boulogne au lieutenant-général Corbineau, commandant à Lille la 16e division militaire. Sa simplicité, sa concision, son éloignement de toute forfanterie et de jactance ont été approuvés et loués pleinement à une époque où l'on aime tant à se faire valoir. Voici cette lettre si convenable et si digne :

« Boulogne, le 6 août 1840.

« Mon général,

« J'ai l'honneur de vous rendre compte que ce matin, à six heures moins un quart, une soixantaine d'hommes armés ayant à leur tête le prince Louis Bonaparte se sont présentés à la caserne afin de chercher à entraîner la troupe et à la faire dévier de ses devoirs ; mais, grâce à la fermeté du capitaine qui commande le détachement, et qui est arrivé à la caserne presqu'en même temps qu'eux, ils ont dû fuir et se diriger vers la route de Calais, où, poursuivis par la garde nationale et la troupe de ligne, ils ont été presque tous arrêtés et déposés dans les prisons du château.

« Parmi les prisonniers se trouvent le prince Louis, le général Montholon, le colonel Parquin, le nommé Lombard, le lieutenant Aladenise, du 42e de ligne, qui se trouvait en permission à Boulogne depuis trois jours, et qui, par tous les moyens possibles, a cherché à soulever la troupe. Enfin, pour terminer, je vous dirai que tout paraît fini et que nous avons en notre possession tous les individus qui étaient débarqués dans un petit port nommé Vimereux, à une lieue de Boulogne.

« J'ai l'honneur d'être, etc.

« *Le commandant de place de Boulogne.* »

Le gouvernement, instruit de cet événement extraordinaire, n'a pas voulu laisser à la justice des tribunaux la punition de ce crime patent. En conséquence, un premier ordre enleva le prince Louis du milieu de ses complices. Celui-là, pendant que pour l'emmener hors du château on lui faisait descendre un escalier intérieur qui donne dans la cour, aperçut à diverses fenêtres les autres détenus qui le regardaient partir. Lui alors, élevant la voix, se mit à dire : *Adieu, mes amis; je proteste contre mon enlèvement!...* Ceux auxquels il s'adressait lui firent de tendres adieux aussi en s'écriant : *Au revoir, notre prince!* et l'un d'entre eux ajouta : *L'ombre de Napoléon vous protége!*

A la première nouvelle donnée à Paris par le télégraphe de l'arrestation des conjurés, le gouvernement fit partir aussitôt de nombreux agents de police pour Boulogne, soit afin de s'informer à de ce qui s'était passé, soit pour servir d'escorte particulière lors de la translation des prisonniers à un autre lieu. Or, quand il fallut partir, une voiture se trouvait préparée; des gendarmes en nombre suffisant l'escortaient. Le 8 août, à deux heures et demie de l'après-midi, le prince Louis traversa Abbeville, ignorant pleinement son sort, car depuis son arrestation et même pendant ce voyage on le maintenait au secret le plus rigoureux. Des dragons, le sabre à la main, renforçaient son escorte. Trois voitures emportaient avec le prince des gardes municipaux; il occupait la seconde avec plusieurs officiers, qui lui avaient cédé respectueusement la droite. Une foule nombreuse, immobile et constamment silencieuse, regardait passer ce jeune homme qui avait naguère rêvé sans doute une autre manière d'entrer dans les villes de son empire.

Le même jour, à neuf heures du soir, ce cortége traversait la ville d'Amiens au galop, se dirigeant vers le fort de Ham, lieu provisoire réservé par le conseil des ministres pour être le séjour du prince rebelle. Là, comme à Abbeville, on a regardé, mais sans blâmer ni applaudir.

Le silence du peuple est la leçon des rois,

pouvait se dire le prisonnier s'il persistait encore dans son illusion. Avait-il autant de tort de se croire destiné à la couronne, formée de coupables intrigues nouées par des cabinets ennemis? ne lui avaient-ils pas promis de la lui donner? A l'appui de ceci, je peux dire que, d'après *le Courrier belge*, on savait à Londres, en haut lieu, le projet du prince Louis, et ceci dès le 31 juillet dernier; car une lettre en date du 1er août, écrite par un richissime banquier anglais et adressée à son correspondant à Bruxelles, portait textuellement ces mots :

« Vous pouvez opérer à la baisse sur tous les fonds « belges : cette baisse ne sera pas produite par les affaires « d'Orient, MAIS PAR UN ÉVÉNEMENT QUE JE NE PUIS CONFIER « AU PAPIER. » Certes, est-ce assez clair? et devant une telle allégation tombe cette protestation inutile et tardive des journaux anglais que j'insère également et qu'un des nôtres a complaisamment rapportée :

« Les journaux anglais se montrent très-sévères pour le prince Louis-Napoléon et pour sa folle entreprise. Voici ce que nous lisons dans *le Globe :*

« Nous sommes autorisés à déclarer qu'il n'y a pas le moindre fondement dans l'annonce faite par plusieurs journaux français qu'une entrevue a eu lieu entre lord Palmerston et le prince Louis-Bonaparte. Rien de pareil n'a eu lieu. Nous concevons bien que, se voyant désappointées dans quelques-unes de leurs prévisions ou de leurs espérances, quelques feuilles françaises aient pu manifester une irritation temporaire, mais nous sommes surpris qu'elles aillent jusqu'à descendre à des faussetés et à des mensonges de ce genre pour satisfaire leur ressentiment. »

Enfin, et pour que rien ne manque à l'ensemble des détails exacts que j'ai promis, je vais faire connaître les noms et le nombre des conjurés :

1 Le prince Napoléon.
2 Lombart, officier d'ordonnance.

3 Maisonnant, chef d'escadron d'état-major.

4 Le général Montholon.

5 Le commandant Parquin.

6 Le colonel Montauban.

7 Galvannoy, sous-intendant.

8 Aladenise, lieutenant au 42e, décoré de juillet.

9 Ornano, officier de dragons.

10 Corcy, lieutenant de garde nationale à cheval.

11 Delaborde, lieutenant-colonel en retraite.

12 Persigny, colonel.

13 Conneau, docteur en médecine.

14 Bellier, valet de chambre du prince.

15 Picquoise, courrier du prince.

16 Duhomme, valet de chambre.

17 Dalambert, secrétaire du prince.

18 Thélin, valet de chambre, *id.*

19 Le cuisinier Maurice, *id.*

20 Werwood, maître d'hôtel, *id.*

21 Owinosky, officier polonais.

22 Bertrand, domestique de M. Montauban.

23 Mosselin, domestique.

24 Desjardins, capitaine en retraite.

25 Hausel, sergent-major de la vieille garde.

26 Guilmaud, maître d'armes.

27 Prudhomme, cocher.

28 Faure, sous-intendant, tué *

29 Voisin, colonel, blessé.

30 Inconnu, tué.

31 *Id.*

32 Polonais, officier amputé.

33 Hyppe Meys, valet de pied.

34 Rosselet,   *id.*

35 Craitegny,   *id.*

36 Egger,   *id.*

37 Lambert, domestique.

38 Folier, cordonnier.

39 Morlel, maçon.

40 Richaud, porteur de journaux.

41 Bachon, courrier.

---

* Il paraît que celui-ci, désigné comme sous-intendant militaire, était le gérant responsable du journal intitulé *le Courrier de Paris*, qui n'a eu qu'un mois d'existence et qui voulait défendre les principes politiques que *le Capitole* soutient aujourd'hui.

42 Bure, commis-voyageur.
43 Gardin, domestique.
44 Bugeaud,   *id.*
45 François,   *id.*
46 Gressier,   *id.*
47 Sirakoski, Polonais, domestique.
  48 iétaux, domestique.
49 Guépart,   *id.*
50 Hegwaux, cuisinier.
51 Brunet, domestique.

Ces détenus, soit ramassés dans Boulogne, soit dans la campagne, sont au nombre de cinquante-un ; on compte parmi eux un prince, un général, trois colonels, dix officiers de tous grades depuis celui de lieutenant-colonel inclusivement, deux sous-intendants militaires, dont un tué, un médecin ; tout le reste est composé de domestiques, d'ouvriers, d'industriels *.

* Voici quelques renseignements sur les officiers arrêtés à Boulogne propres à faire connaître quelle était leur position dans l'armée :

Le comte Charles Tristan de Montholon ne faisait point partie du cadre d'activité des officiers généraux. Depuis longtemps le gouvernement l'avait frappé de réforme en le plaçant parmi les maréchaux-de-camp qui se trouvent relégués dans la réserve.

Le colonel Voisin avait été appelé, en 1831, au commandement du 3e régiment de lanciers. La formation dans ce corps d'une masse destinée à l'achat de bridons et de musettes donna lieu contre lui à une dénonciation par suite de laquelle son commandement lui fut retiré ; mais comme il avait été reconnu que les fonds de la masse n'avaient pas été détournés de leur destination et qu'il n'y avait dans cette affaire qu'une irrégularité, le colonel reçut une mission hors cadre, avec la promesse d'être rappelé au commandement d'un autre corps de troupes à cheval. Cette promesse n'a point été tenue, et en 1839 le colonel Voisin a été mis en retraite. Il est propriétaire, à Meridon (Calvados), de la première filature de lin à la mécanique qui se soit élevée en France.

M. Bouffé de Montauban, désigné comme colonel des volontaires parisiens, est un ancien officier de cavalerie ; il servait dans el 25e régiment de chasseurs à cheval et n'avait que le grade de lieutenant lorsqu'il quitta ce corps, par démission, pour passer au Mexique. Il a depuis épousé une Anglaise.

M. Laborde, porté sur les listes récemment publiées comme lieutenant-colonel et ancien commandant de place à Cambrai, était chef de bataillon

A Paris on a appris avec un mécontentement mêlé de dégoût et d'une pitié dédaigneuse cet acte que les gens sages qualifient sévèrement ; nulle pitié menaçante ne s'est manifestée, et les adorateurs de Napoléon-le-Grand sont restés insensibles devant le châtiment encouru par son inhabile neveu, qui eût pu se rendre redoutable si, au lieu d'agir, il eût su se faire désirer.

en retraite lorsqu'en 1830 il fut appelé au commandement de la 39e compagnie de fusiliers vétérans. Dès 1831 il a cessé de figurer dans l'Annuaire militaire parmi les officiers de vétérans.

M. Maisonnant, chef d'escadron d'état-major, a été pendant bien des années retenu en Angleterre comme prisonnier de guerre ; cette longue captivité interrompit sa carrière et fut cause qu'il resta longtemps dans les grades inférieurs. Il a été attaché aux généraux Bourke, Subervic et Préval en qualité d'aide-de-camp ; c'est au moment où il espérait que son ancienneté dans le grade de chef d'escadron allait lui faire obtenir celui de lieutenant-colonel qu'il a été atteint par la retraite.

On sait que le chef d'escadron Parquin a servi dans la garde municipale de Paris et qu'il a quitté ce corps par démission.

e capitaine Alexandre Prosper, dit Desjardins, a servi dans le 15e régiment d'infanterie légère ; c'est un décoré de juillet ; en 1834 il a été nommé officier de la Légion-d'Honneur.

M. Aladenise est aussi un décoré de juillet ; il a été nommé lieutenant le 30 mai 1837, et servait en cette qualité dans une compagnie de voltigeurs du 42e régiment d'infanterie de ligne.

C'est à tort que dans toutes les listes on a désigné M. Ornano comme ex-officier au 13e régiment de dragons, attendu qu'il n'y a point dans l'arme des dragons de régiment portant ce numéro. Cet officier servait en qualité de sous-lieutenant au 3e régiment de dragons ; il a été rayé des contrôles de ce corps pour longue absence.

M. Galvani, né en Corse, avait obtenu à Naples, pendant l'occupation française, le grade de commissaire des guerres ; il avait été admis en qualité d'adjoint de première classe dans le cadre du corps de l'intendance militaire, le 31 décembre 1830. Il se trouvait, à ce titre, employé à l'armée en 1835. Depuis il a été rappelé et mis en retraite. M. Galvani s'était trouvé en Corse lorsque le roi Joachim Murat vint s'y réfugier en 1815. Il accompagna ce prince dans sa tentative sur le Pizzo, en Calabre, et y fut dangereusement blessé.

Le gouvernement connaissait depuis longtemps le projet de Louis Bonaparte, et il avait su, dans les derniers temps, que le débarquement devait incessamment s'opérer. Dès le 4 août, un officier supérieur avait été envoyé de Paris à Lille pour en donner avis au général Corbineau, commandant la 16e division militaire, et lui recommander de se tenir sur ses gardes

XV.

*Rapport de M. le maire de Boulogne à M. le sous-préfet sur
la matinée du 6 août.*

Prévenu à six heures du matin que des hommes revêtus
d'uniformes parcouraient les rues en criant *vive l'empereur!*
et distribuant des proclamations imprimées dont un exemplaire
me fut remis, je vous envoyai de suite prévenir ainsi que le
commandant de la place, le colonel et le major de la garde nationale.

J'appris que les individus débarqués dès 3 à 4 heures du
matin à Vimereux par les canots d'un bateau à vapeur qui était
encore en garde s'étaient rendus à la caserne et avaient fait inutilement un appel à la troupe de ligne pour l'engager à se joindre
à eux; que, sur le refus de l'officier qui commandait, un d'eux,
qui depuis s'est dit le prince Louis-Napoléon, lui avait tiré presque à bout portant un coup de pistolet qui avait atteint un grenadier au moment où il se précipitait pour sauver son officier.

Je pris de suite les mesures nécessaires pour réunir la garde
nationale, et fis prier M. le directeur des douanes d'armer tous
ses employés.

Je vous rencontrai, monsieur le sous-préfet, au moment où
je me rendais chez vous, et vous avez été, comme moi, le témoin du dévoûment admirable de la garde nationale et de la
troupe de ligne, indignées l'une et l'autre de cette folle tentative d'insurrection. Tous rivalisaient de zèle et brûlaient du
désir de marcher à la poursuite des conspirateurs. La population entière s'est levée, comme un seul homme, aux cris de
vive le roi! Aussi le prince et ses complices ne tardèrent pas à
voir qu'il n'y avait pour eux aucun espoir de réussite. Ils sor-
tirent de la ville et se rendirent à la Colonne de la grande
armée, où ils firent placer un drapeau national avec des aigles.

La première mesure que j'avais prise avant de sortir de chez
moi avait été d'ordonner au lieutenant de port, dont l'activité et
l'énergie m'étaient bien connues, de se munir d'une force suffisante pour s'emparer du paquebot, le faire rentrer dans le

port, ou de le mettre à la côte plutôt que de le laisser en rade, afin de priver ainsi le prince Louis et ses complices des moyens de se sauver.

Ayant appris, M. le sous-préfet, que vous étiez parti pour la Colonne avec le colonel et un détachement de la garde nationale qui avait été envoyé à la porte de Calais, et voyant l'attitude résolue de la population, de la garde nationale et de la troupe de ligne, je crus pouvoir quitter un moment la ville, dont la tranquillité était assurée; j'y laissai M. Martinet, l'un de mes adjoints, M. Dutertre-Delporte, mon autre adjoint, étant parti avec un détachement de la garde nationale le long des falaises, et je montai à cheval, me dirigeant vers la Colonne, où je croyais la lutte prête à s'engager. J'y appris que les individus débarqués s'étaient enfuis à l'approche de notre brave garde nationale, que je rejoignis à peu de distance, son colonel à cheval en tête.

Nous nous dirigeâmes vers Vimereux, où on nous avait dit que les insugés se rendaient, mais nous ne tardâmes pas à apprendre que six d'entre eux venaient d'être arrêtés par nos gardes nationaux et que les autres se dirigeaient sur la plage pour se rembarquer.

Je revins aussi vite que possible vers le port, près duquel je vis des hommes à la mer et une fusillade engagée. Ayant appris par une personne sûre que le prince Louis avait parlé de se déguiser et de se cacher après avoir quitté la Colonne, j'avais donné à la garde nationale l'ordre de visiter toutes les maisons sur son passage et d'arrêter tous les individus étrangers qu'on y trouverait.

A mon arrivée sur la jetée, le paquebot qui avait amené le prince était en sûreté dans le port. Le prince Louis et sept des siens ne tardèrent pas à arriver dans des canots dirigés par M. le lieutenant de port Pollet, qui, après s'être emparé du bateau à vapeur et l'avoir confié à un de ses maîtres de port, avait été avec les canots pour retirer de l'eau le prince et ceux qui l'accompagnaient.

Je les fis débarquer et conduire entre deux lignes de gardes nationaux au local de vérification, où deux voitures ne tardèrent pas à venir les prendre. Je montai dans l'une avec le prince et deux de ses officiers, et M. Martinet monta dans l'autre avec les trois autres. Le dernier fut envoyé au local de la *Société humaine* pour recevoir des secours qui n'ont pu le ramener à la vie; il avait été noyé.

Le prince put s'apercevoir, par l'enthousiasme avec lequel la population répétait les cris de *vive le roi!* combien avait été folle sa tentative au milieu de citoyens aussi dévoués à la dynastie à laquelle la nation doit son repos et ses libertés. Vous en avez été témoin, M. le sous-préfet, lorsqu'après avoir expédié vos dépêches vous nous avez rejoint dans la grande rue et nous avez accompagné jusqu'au château.

J'ai fait déposer provisoirement tous les conjurés dans les locaux disponibles, et, après avoir pris toutes les mesures de sûreté nécessaires, je les ai remis à la disposition de M. le procureur du roi, qui, ainsi que M. le juge d'instruction, étaient déjà sur les lieux.

J'ai fait délivrer aux prisonniers tous les vêtements et les aliments nécessaires, et j'ai donné des ordres pour que les logements fussent garnis des meubles et effets indispensables.

De tous côtés les habitants arrêtaient les fugitifs et les livraient à l'autorité, ainsi que les papiers dont ils étaient porteurs. Tout a été remis à M. le juge d'instruction.

J'ai pris des mesures pour faire relever tous les postes par la garde nationale et de ne laisser à la garnison, qui est très faible, que la garde du château.

Je le répète, M. le sous-préfet, le dévoûment et le zèle ont été admirables. En attendant que je puisse vous signaler les citoyens qui se sont le plus distingués, je dois appeler votre attention sur ceux dont j'ai pu apprécier par moi-même l'activité et l'ardeur dans l'accomplissement de leur devoir. Je place au premier rang M. Pollet, lieutenant de port, et MM. Dutertre-Delporte et Martinet, mes adjoints; le premier a arrêté de sa main plusieurs conspirateurs.

On m'assure aussi que M. le commissaire de police Bergeret a montré dès le principe une énergie peu commune.

Veuillez, etc.

Le maire de Boulogne, AL. ADAM.

Boulogne-sur-Mer, le 6 août 1840.

XVI.

Afin de ne rien omettre de ce qui peut intéresser nos lecteurs, nous insérons ici le rapport adressé par M. le préfet du Pas-de-Calais à M. le ministre de l'intérieur :

« Boulogne-sur-Mer, le 8 août 1840,

« Monsieur le ministre,

« J'ai l'honneur d'adresser à Votre Excellence un rapport détaillé sur la tentative dont Boulogne a été le théâtre avant-hier matin.

« Dans la nuit du 5 au 6 août, vers minuit, le sous-brigadier des douanes Audinet, étant de service avec deux préposés, aperçut devant le poste, à environ un quart de lieue en mer, un bateau à vapeur mouillé ; la situation de ce navire n'excita pas autrement son attention, parce qu'il était, depuis quelques jours surtout, habitué à voir des paquebots, soit au mouillage, soit louvoyant de Boulogne à la Pointe-aux-Oies, pour attendre des dépêches ; mais ayant vu, vers deux heures du matin, un canot qui lui sembla plein de monde se détacher de ce navire, Audinet se porta rapidement, en avant des préposés, au fil de l'eau ; le canot ayant touché à vingt-cinq pas de lui, il le héla ; on lui répondit : « Nous sommes des hommes du 40ᵉ de ligne, et nous allons de Dunkerque à Cherbourg ; mais une roue de notre paquebot s'est brisée, et voilà pourquoi nous débarquons. »

« Le brigadier vit alors que le canot était effectivement monté par une quinzaine de militaires de différents grades qui sautèrent à terre. La pensée qu'on le trompait ne lui vint pas dans ce moment ; il ne conçut de soupçons que quand plusieurs des individus débarqués, le menaçant de leurs baïonnettes, lui dirent : « Ne vous opposez pas au débarquement, ou vous serez traités comme des Bédouins ! », et qu'un officier eut repris : « C'est de la douane, ne leur faisons pas de mal. » Aussitôt le sous-brigadier Audinet et les préposés Caroux et Leguay, qui l'avaient rejoint, furent entourés par les rebelles bien armés. Puis le canot retourna au paquebot et fit trois voyages successifs pour amener à terre le reste de la troupe; dans l'intervalle, cinq autres employés des douanes, occupés à faire leurs rondes, furent également arrêtés par les rebelles. Aucun des douaniers ne fut maltraité ni désarmé.

« Pendant le débarquement, quatre individus venant de Boulogne arrivèrent à la plage, embrassèrent plusieurs des militaires débarqués, et deux des premiers reçurent des uniformes d'officiers, dont ils se revêtirent immédiatement. Sur ces entrefaites, le lieutenant des douanes Balby fut prévenu, vers trois heures et demie, de la présence du paquebot. Il se rendit à Vimereux, persuadé qu'il s'agissait uniquement d'une infraction aux réglements sanitaires. Dans l'instant où il arrivait sur la place de ce village cinq ou six officiers s'avancèrent vers lui, et, sur sa réponse qu'il était le chef de la douane du lieu, on le somma de guider le détachement jusqu'à Boulogne. Le détachement était composé d'une trentaine d'hommes portant l'uniforme et le numéro du 40ᵉ de ligne, et d'une trentaine d'individus revêtus d'insignes et d'uniformes militaires de tous grades.

« Au moment du départ, il y eut dans le groupe des officiers quelques discussions sur le chemin qu'il convenait de suivre; il fut d'abord question de prendre la falaise, mais les individus arrivés de Boulogne ayant indiqué le chemin de la Colonne, leur avis prévalut. La troupe se forma et l'on se mit en marche. Les rebelles placèrent séparément et à distance les employés qu'ils prenaient pour guides, ou plutôt qu'ils enlevaient, afin de ne rien laisser d'inquiétant derrière eux; leur chef, M. Balby, après avoir supplié vainement qu'on le laissât à Vimereux, se vit contraint de marcher comme les autres. On fit plusieurs haltes, et il paraît certain que dans l'une d'elles de copieuses libations de vin de Champagne et d'eau-de-vie eurent lieu de la part des insurgés.

« La troupe étant arrivée à la hauteur de la Colonne, qu'on laissa à droite après lui avoir fait le salut du drapeau, un officier général ayant vu M. Balby parler à un des préposés dont il s'était rapproché, vint à lui, et, après lui avoir défendu de causer, lui dit : « Savez-vous bien que c'est le prince Louis-Napoléon qui est à notre tête ; Boulogne est à nous, et dans peu de jours le prince sera proclamé empereur des Français par la nation, qui le désire, et par le ministère français, qui l'attend. »

« M. Balby lui répondit que ce qu'il entendait rendait sa position et celle de ses employés plus fâcheuse encore qu'il ne l'avait pensé d'abord ; il demanda avec instance qu'il lui fût permis, puisque l'on voyait Boulogne et le chemin direct, de retourner à son poste avec ses hommes ; le général s'y refusa et dit qu'il fallait aller plus loin encore. Un quart d'heure après, à deux cents pas environ du bureau de l'octroi, M. Balby renouvela sa demande en s'adressant au prince lui-même, qui lui dit alors : « Je veux bien que vous retourniez à Vimereux, mais sous condition que vous irez directement et sans dire un mot de ce qui vient de se passer. »

« Les préposés se réunirent et repartirent avec leur lieutenant, observés par quatre hommes armés qui les suivirent jusqu'au pied de la Colonne, et les virent se diriger sur la Crèche-de-Wimille. Au moment de la séparation un officier supérieur s'approcha de M. Balby et lui offrit une poignée d'argent qui fut vivement refusée. Des tentatives de séduction de la même nature ont été faites auprès de ses préposés qui ont tenu la même conduite, à l'exception d'un seul dont l'administration des douanes a fait justice.

« Cependant les rebelles, arrivés à Boulogne vers cinq heures du matin, se présentèrent à la caserne au moment du lever des militaires et s'efforcèrent de les entraîner par des offres d'argent et des promesses de grades. Le lieutenant de voltigeurs Aladenise, appartenant au 42ᵉ, et arrivé à Boulogne depuis la veille, paraît avoir surtout usé de toute l'influence que lui donnait sa position pour les séduire, lorsque est intervenu le capitaine de grenadiers Col-Puygellier, commandant le détachement en garnison dans la ville, et par son énergie, par l'expression vive et entraînante de sa fidélité au roi, il a donné aux soldats un exemple unanimement suivi. C'est alors que Louis Bonaparte, après avoir tenté, dit-on, de lui arracher sa décoration, a dirigé sur lui, presqu'à bout portant, un pistolet dont la balle a frappé au cou un grenadier du 42ᵉ. On craint pour la vie de ce militaire, qui est marié.

« Après cette tentative d'assassinat sur la personne de leur commandant, il n'y avait plus rien à attendre des braves du 42°, et les rebelles, quittant la caserne, se répandirent dans les rues, jetant les proclamations, l'argent, aux cris de *vive l'empereur*! Ils arrivèrent ainsi devant le poste de la place d'Alton, où se trouvaient quatre hommes commandés par le sergent Morange. Les promesses, les menaces furent successivement employées envers ces militaires comme envers leurs camarades, et cette fois encore repoussées avec non moins d'énergie et de loyauté. Continuant leur route vers la haute-ville et formés en cortége au milieu duquel flottait un drapeau tricolore à l'aigle impériale, sur lequel étaient inscrits en caractères dorés les noms des principales victoires remportées par nos armées, ils arrivèrent près de l'hôtel de la sous-préfecture.

« Le sous-préfet, M. Launay-Leprevost, avait, depuis quelques instants, eu le temps de revêtir son uniforme, de courir lui-même au quartier de la gendarmerie pour faire prendre les armes et d'ordonner la fermeture des portes de la haute-ville. Il vit le groupe de séditieux qui marchait l'épée nue et aux cris répétés de *vive l'empereur!* Quoique seul, il se dirigea directement sur eux, les somma, au nom du roi, de se séparer à l'instant; puis, s'adressant à ceux qu'il croyait des militaires égarés, il les rappela énergiquement au devoir, en leur représentant qu'ils étaient les dupes d'un aventurier, etc.

« Les cris de *vive l'empereur !* couvraient sa voix, mais il ne cessa d'y répondre par le cri de *vive le roi !* jusqu'au moment où Louis Bonaparte ordonna de le repousser; il fut frappé à la poitrine par l'aigle du drapeau et faillit être renversé. Le cortége continua alors sa marche, et le sous-préfet ne put que leur déclarer que dans peu d'instants il les rejoindrait à la tête de la garde nationale. Il courut aussitôt au poste de la place d'Alton, où il trouva les quatre braves du 42°, commandés par le sergent Morange. Il parcourut ensuite les rues principales, appelant aux armes les citoyens qu'il connaissait, et leur indiquant le poste de la place d'Alton pour lieu de ralliement.

« Bientôt il s'y réunit un certain nombre de gardes nationaux et le colonel Sansot, qui lui-même avait fait battre la générale à la haute-ville et rallié d'autres gardes nationaux, vint l'y joindre à cheval. Des cartouches furent distribuées, malheureusement avec quelque lenteur.

« Cependant les rebelles s'étaient présentés aux portes de la haute ville, qu'ils avaient trouvées fermées, et, après avoir inutilement tenté d'enfoncer à coups de hache celle de Calais, que gardait le commandant de place avec un détachement de vingt hommes du 42e, commandés par un officier, ils prirent la direction de la Colonne de la grande armée, distante d'un kilomètre de la ville, et y arborèrent leur drapeau.

« Mais ils furent bientôt suivis par le détachement de la garde nationale, commandé par le colonel Sansot, en tête duquel s'étaient aussi placés le sous-préfet et M. Dutertre-Delportre, adjoint au maire de la ville, et qu'éclairait la brigade de gendarmerie commandée par le lieutenant Bilot; au détachement, fort de cent hommes à peu près, mais qui se grossissait incessamment, se joignirent, par les ordres du commandant de place, les vingt millitaires du 42e qui gardaient la porte de Calais, et tous marchèrent contre les rebelles, qui s'étaient d'abord placés en tirailleurs dans les bois qui enceignent le monument.

« Le colonel Sansot fit ses dispositions pour les attaquer, et ce fut alors, sur l'observation du sous-préfet qu'il convenait de placer les militaires en avant, afin d'épargner le sang des citoyens, presque tous pères de famille, qu'avec une admirable unanimité, officiers et gardes nationaux réclamèrent à grands cris l'honneur de marcher les premiers. Le sous-préfet dut céder à leur enthousiasme et à la demande expresse de leur brave colonel. On marcha donc; mais, à la vue de la garde nationale, aux cris de *vive le roi!* qu'elle poussait avec ardeur, les séditieux s'étaient débandés, et, fuyant à travers les champs, ils laissaient (tant était grande leur précipitation) dans l'intérieur de la Colonne leur drapeau et celui qui le portait.

« Certain alors de n'avoir plus affaire qu'à des fuyards, le colonel Sansot divisa sa colonne en détachements et se mit immédiatement à leur poursuite, toujours précédé par la gendarmerie et accompagné par les hommes du 42e.

« Le sous-préfet, après avoir concerté avec le colonel les moyens les plus propres à traquer les fuyards à la côte, rentra immédiatement en ville, faisant porter le drapeau pris par deux gardes nationaux. Il était salué par les acclamations de la population entassée sur la route et dans les rues qu'il devait traverser.

« Le rebelle porteur de ce drapeau suivait sous la garde de quelques autres gardes nationaux, et sa présence excitait au plus haut degré l'animadversion de la foule.

« Cependant les fuyards étaient serrés de près par les détachements formés de la colonne principale dirigée par le colonel, par les détachements sortis de la ville, et à chaque instant quelques-uns tombaient aux mains de la garde nationale ou de la gendarmerie.

« C'est ainsi que le lieutenant Bilot, n'ayant plus avec lui que trois gendarmes, a fait mettre bas les armes au sieur Bouffé-Montauban, se disant colonel, au lieutenant du 42e Aladenise, et à cinq autres individus vêtus en militaires.

« Bientôt, traqués de tous côtés, les insurgés n'eurent plus d'autres ressources que de se jeter à la mer pour essayer de rejoindre le paquebot qui les avait apportés.

« Ici commence une série de faits pour l'intelligence desquels il importe de rétrograder.

« Pendant la marche sur la Colonne et la poursuite des insurgés, le maire, son premier adjoint, la douane, ceux enfin qui gardaient la ville, n'étaient pas demeurés inactifs.

« M. Adam, avec cette sagacité énergique qui le caractérise, avait compris qu'il importait de couper toute retraite aux insurgés, et il avait dès le principe ordonné au lieutenant de port Pollet de se munir d'une force suffisante pour s'emparer du paquebot et le faire entrer au port ou le jeter à la côte.

« Cet ordre important fut exécuté avec autant d'intelligence que de résolution par le lieutenant de port, assisté de quelques préposés des douanes, du pilote Huret et de cinq marins. En se rendant à bord du paquebot qui se trouvait sur la rade, le lieutenant Pollet rencontra à peu de distance de la jetée de l'ouest le canot de ce paquebot, qu'il supposa avoir été placé là en attendant des ordres ; aussi, hélé par lui en français, il continua sa route sans s'arrêter à répondre. Bientôt il aborda le paquebot et donna l'ordre au capitaine d'appareiller pour le port. Sur le refus de celui-ci, il déclara que ses hommes et lui allaient à son défaut exécuter cette manœuvre, et finit par menacer d'employer la force. Le capitaine se décida enfin ; mais parvenu à 200 mètres de la jetée de l'ouest et au bruit de coups de fusil tirés de la plage sur des hommes qu'on voyait à la nage, ce capitaine arrêta son navire ; le lieutenant Pollet lui signifia vivement de continuer et l'y contraignit : à ce moment une deuxième embarcation montée par le sieur Cary, premier maître de port, par deux gendarmes de la marine, le pilote Wadoux et cinq canotiers, avait rallié le paquebot.

« Le lieutenant Pollet chargea donc le maître Cary de faire rentrer le paquebot, et se jeta dans l'un des canots avec cinq matelots et les deux gendarmes de la marine. Il se dirigea à force de rames sur les hommes à la nage. Le feu dirigé sur ces hommes cessa dès qu'il fut au milieu d'eux, et il recueillit successivement dans son embarcation Louis Bonaparte et son état-major, composé de trois personnes, qu'il conduisit au quai et qu'il remit aux mains de M. le maire, qui s'y trouvait. Ils furent immédiatement conduits au château dans une voiture où le sous-préfet vint lui-même prendre place.

« Nous avions laissé Louis Bonaparte et ce qui restait des siens acculés à la mer et réduits à chercher leur salut dans les flots. Ils s'étaient en effet emparés d'une embarcation qui se trouvait sur la plage, et ils s'y étaient précipités avec tant d'empressement qu'elle avait chaviré. Ils se trouvaient ainsi à la nage sous le feu de la garde nationale ; le lieutenant Pollet vint les sauver.

« Cependant le sieur Faure, sous-intendant millitaire, avait été atteint d'une balle à la tête qui lui avait causé la mort : un autre inconnu a péri par immersion ; un troisième, le colonel Voisin, a reçu deux ou trois blessures, et un quatrième, soldat polonais, une balle à l'épaule qui a nécessité l'amputation.

« Ainsi la prévoyance de M. Adam et l'intelligente résolution du lieutenant Pollet ont assuré la capture de Louis Bonaparte et de ses principaux adhérents. Mais là ne se sont pas bornées les preuves de zèle et de dévoûment du premier de ces fonctionnaires. Informé de la rentrée en ville de M. le sous-préfet et de la suite des rebelles, il est monté lui-même à cheval pour diriger et encourager par sa présence les poursuites et les recherches, comme il avait pourvu, en l'absence momentanée de M. Launay-Leprovost et avec l'assistance de M. Martinet, son adjoint, à l'armement des détachements de la garde nationale et de la douane, expédiés successivement à la poursuite des insurgés.

« En se dirigeant vers la Colonne les insurgés avaient laissé en ville le comte de Montholon et le colonel Parquin, qui furent arrêtés presque aussitôt par le commissaire de police Bergeret, assisté de M. Chauveau-Soubitez, officier de la garde nationale. Ce commissaire de police a fait preuve, en cette circonstance comme dans toute cette affaire, d'une énergie et d'un dévoûment qui le recommandent à la bienveillance du gouvernement.

« De tous côtés, habitants et gardes nationaux arrêtaient les autres fugitifs et les livraient aux autorités, ainsi que les papiers et les valeurs dont ils étaient porteurs, et qui étaient déposés aux mains de la justice, dont la tâche allait commencer.

« Il serait impossible, monsieur le ministre, de signaler tous les actes de dévoûment, tous les traits de désintéressement, il faudrait citer la population presque entière et multiplier à l'infini les récompenses. »

(Suivent ici les propositions de récompenses soumises au gouvernement.)

« Je ne vous dis rien de M. le sous-préfet; vous connaissez aussi bien que moi la conduite ferme, intelligente et dévouée qu'il a tenue, et je sais qu'il n'avait pas besoin, pour mériter votre entière confiance, de cette nouvelle et éclatante preuve de son courage.

« Je suis, etc.   Le préfet du Pas-de-Calais, Gauja. »

« 8 août, 11 heures du matin.

« On a trouvé un aigle vivant à bord de *l'Édimbourg-Castle*. Il appartenait à Louis Bonaparte.

« Le capitaine du paquebot nous a dit que les rebelles avaient bu seize douzaines de bouteilles de vin dans leur trajet de Londres à Vimereux, sans compter l'eau-de-vie et les liqueurs. Les soldats du 42ᵉ présents à l'action, que nous avons interrogés, nous ont assuré que les rebelles étaient presque tous ivres. »

On a arrêté encore 5 ou 6 matelots, ou autres, trouvés dans le paquebot qui a amené l'*armée expéditionnaire*.

Il y avait deux bricks en vue, qui sont restés en panne jusqu'au soir et ont disparu dans la nuit.

XVII.

Les journaux anglais, qui comprennent si bien, grâce à leur esprit national, que l'on doit maintenant repousser de la part du ministère de Saint-James toute coopération à une tentative qu'il a machinée, sont remplis de dénégations partielles en faveur de leurs compatriotes plus ou moins impliqués dans cette affaire malheureuse. Parmi les faits qui s'y rattachent, je me bornerai à signaler ceux-là seulement qui peuvent y avoir un intérêt réel.

Le *Chronicle* nous apprend, d'après une correspondance de Boulogne, qu'à bord du bateau on n'a pas trouvé d'autre objet d'équipement pour les partisans du prince Louis Napoléon que trois espèces de boutons fabriqués à Londres. Un de ces boutons, plus petit qu'un shelling, porte le numéro 40 dans une guirlande ; il a été fabriqué par Donty et compagnie à Londres ; sur l'autre bouton on voit une épée, une branche de chêne et de palmier et un casque. Ces boutons étaient destinés pour l'état-major ; ils ont été fabriqués par Boggit et compagnie, Saint-Martin-Lane. Le troisième bouton porte le numéro d'un régiment.

Le *Hérald* publie une autre lettre de Boulogne dont nous reproduisons l'extrait suivant :

« J'apprends que M. Toone, capitaine du paquebot à vapeur *la Ville-de-Boulogne*, appartenant à la compagnie de la navigation par la vapeur, a été invité, lundi matin, à se rendre à l'hôtel-de-ville, où il a subi une sorte d'interrogatoire devant les autorités judiciaires et le sous-préfet, dans le but de s'assurer si cette affaire était précédemment connue des agens de la compagnie, et de connaître si elle avait d'autres ramifications à Londres. Il a déclaré avoir rencontré en mer *la Cité-d'Édimbourg* qui portait le prince Louis et ses adhérents, en traversant le canal, et que les deux capitaines s'étaient parlé en passant près l'un de l'autre. Sur le pont du bateau se trouvaient le prince, son état-major et ses soldats, tous en uniforme. On lui a représenté que cette circonstance aurait dû exciter ses soupçons et l'engager à revenir à Boulogne pour y faire sa déclaration aux autorités. »

Le correspondant d'un autre journal lui mande que le capitaine Toone a été mis en liberté.

Enfin un autre journal anglais assure que la garde nationale de Boulogne se propose, après le jugement, de demander la grâce du général Montholon, qui aurait toujours dissuadé le prince Louis de tenter cette sotte entreprise.

De toutes les réclamations qui seront faites, la plus importante sans doute, parce qu'elle est juste, est celle qui suit ; elle lave d'une manière éclatante de toute participation au fait actuel l'ex-roi d'Espagne, aujourd'hui M. le comte de Survilliers.

Le *Morning-Chronicle* publie la lettre suivante, qui lui a été adressée par J.-R. Elmore :

« Monsieur, votre journal de dimanche dernier contient quelques observations tendant à impliquer le comte de Survilliers dans l'échauffourée du prince Louis. Je crois devoir repousser une pareille imputation au nom du comte, qui est actuellement aux bains de Wilbad. Les médecins avaient défendu au comte, vu l'état de sa santé, de recevoir aucune communication, même des membres de sa famille, pour des affaires privées. L'ordre avait été suivi si rigoureusement que le comte ignorait la mort du prince de Canino, son frère, en quittant l'Angleterre, et deux mois avant son départ il n'avait lu aucun journal anglais ni français.

« Le comte m'ayant honoré de son amitié et de son intimité depuis qu'il est arrivé des États-Unis, je suis en état de repousser formellement l'insinuation dont il s'agit. »

XVIII.

La *Boulonnaise*, journal de Boulogne, a publié dans son numéro du 12 août ce qui suit :

« Le matin, l'ordre a été donné à M. Bergeret, commissaire du port, d'opérer la saisie du bateau à vapeur *la Cité-d'Édimbourg*, qui a transporté le prince Louis et sa suite. On n'attend plus que la commission rogatoire.

« Plusieurs versions inexactes ont été faites relativement aux objets qu'on a trouvés sur ce bâtiment. Voici les renseignements que nous avons puisés à une source certaine :

« Il n'y avait pas à bord, comme on l'a prétendu, 15 à 1600 fusils : on n'en a pas trouvé un seul. Les armes saisies se composent de 5 épées, 2 sabres, 3 pistolets, et d'une canne à épée.

« Nous nous étions trompés nous-mêmes quand nous disions que le bâtiment renfermait plus d'un demi-million de valeurs ; on n'a trouvé que 21 napoléons, 6 souverains, 2 pièces de cinq francs, 3 pièces de deux francs, une pièce d'un franc, et une petite médaille en cuivre portant cette inscription : PERRUQUES PERFECTIONNÉES. C'est la médaille d'un coiffeur parisien qui a obtenu, par son invention, un brevet.

« Le steamer contenait 9 chevaux, un aigle vivant, 2 voitures toutes neuves, dont une berline et un fourgon ; — des uniformes nouvellement confectionnés, magnifiques, sur lesquels se trouvaient inscrits les noms des possesseurs ; — 23 ou 24 caisses et paniers d'excellents vins, de bière, de ginger-beer, de soda-water et de brandy ; — d'un joli nécessaire de femme, de bobines et d'aiguilles ; — d'un album sur lequel le prince Louis avait dessiné le château d'Arenemberg et ses paysages, et écrit des stances érotiques.

« L'équipage se composait de 19 hommes ; plus, 3 hommes pour soigner les chevaux, d'un groom de la comtesse d'Aspell, d'un autre groom du prince, et d'un domestique français.

« Dans les malles et les sacs de nuit on a trouvé des vêtements bourgeois tous neufs et très-beaux : ils devaient être endossés le soir pour le bal magnifique projeté à l'établissement des bains. »

— On écrit de Saint-Omer à la *Gazette des Tribunaux* :

« Aladenise, lieutenant de voltigeurs, tenait garnison à Saint-Omer, où se trouve l'état-major et un bataillon du 42ᵉ.

« Dans la journée du 5, il déclara à quelques camarades de son régiment qu'une bonne fortune l'attendait à Boulogne. Il s'agissait, disait-il, d'une jeune dame qui venait d'Angleterre, et qu'il allait enlever. Des chevaux de poste lui étaient nécessaires, et, pour les obtenir, il s'adressa au maître de poste de Saint-Omer, qui lui donna une chaise de voyage, bien persuadé que le jeune officier allait à un rendez-vous d'amour.

« Au lieu de prendre la route de Boulogne, Aladenise se dirigea sur Calais : c'est de là qu'il rejoignit le prince Louis, dont il avait le mot d'ordre. Il était parti de Saint-Omer sans congé, et son départ ne fut connu du colonel du 4ᵉ que le lendemain matin, 6 août.

« Aladenise est fils d'un négociant de Paris. En juillet 1830 il combattit vaillamment avec la population parisienne, et obtint pour récompense une sous-lieutenance. Depuis lors sa conduite avait été excellente. Promu au grade de lieutenant de voltigeurs, il était désigné par son colonel comme devant passer prochainement, au choix, au grade de capitaine. »

— On lit dans une lettre de Boulogne : Les blessures du colonel Voisin n'ont plus aucune gravité, mais la guérison se fera encore longtemps attendre. Les médecins ne pensent pas qu'il soit transportable avant une vingtaine de jours. Le colonel Voisin est d'une humeur douce et facile; il supporte ses souffrances avec un grand courage. Le gouvernement, dit-il, a été injuste à son égard; il a voulu se venger.

Le Polonais qui a été amputé au bras près de l'épaule est en pleine voie de guérison. Ce résultat est regardé par les médecins comme extraordinaire, car il en réchappe peu à une si grave blessure.

On vient d'emballer toutes les pièces de conviction pour les envoyer à la Chambre des pairs; on y voit un assemblage de défroques militaires, parmi lesquelles figure le petit chapeau de Louis Bonaparte, des épées, des fusils, des épaulettes, etc.

— Au nombre des pièces répandues par le prince Louis se trouve celle-ci :

ORDRE.

Au nom du peuple français.

« Quartier-général de... le...

« Monsieur le

« Appelé en France par le vœu général, représentant d'une famille que la France entière a élue, j'agis au nom du peuple français. Désobéissance à mes ordres est un crime de lèse-nation.

« Je vous ordonne, dès que vous aurez reçu cette lettre, de faire arborer les aigles dans vos régiments, de les enlever aux cris de *vive la France! vive l'empereur!* et de me rejoindre sur la route de... le plus tôt qu'il vous sera possible.

« Je vous rends responsable de tout ce qui pourrait arriver si vous résistez au mouvement qui doit assurer les destinées de la France. Mais je serai heureux, si vous contribuez au triomphe de la cause nationale, de pouvoir vous marquer ma reconnaissance comme ayant bien mérité de la patrie. »

A Monsieur le

XIX.

Le prince n'a pas fait un long séjour dans la forteresse de Ham. L'impatience où l'on était de presser le jugement de cette affaire, peut-être aussi le désir de le mieux surveiller, ont détermité sa prompte arrivée à Paris. Deux voitures composaient son cortége, chacune attelée de quatre chevaux et escortée de huit gendarmes de la compagnie de la Seine. Les ordres les plus sévères avaient été donnés pour qu'il ne pût échapper à ses juges. La rigueur avec laquelle on s'est opposé à toute tentative de curiosité a été la source de divers bruits populaires; on a dit, et sans motif réel, je présume, que deux militaires assis aux côtés du prince Louis tenaient, l'un un poignard hors de gaîne, l'autre un pistolet armé, dont ils se seraient servis si des amis imprudents eussent entrepris sa délivrance.

D'autres ont encore prétendu que plusieurs fiacres remplis d'ouvriers s'étaient dirigés au-devant du prisonnier, et l'on présumait que c'était afin de l'enlever; mais au moment où les conspirateurs auraient atteint la barrière ils se seraient vus environnés de corps de cavalerie qui les ont empêché de rien faire.

Le bon sens repousse ces fables, que l'on ne manque pas de répandre toutes les fois où la curiosité publique est vivement allumée.

Le 12 août, entre minuit et une heure, le prince Louis arriva à la Préfecture de police par le quai des Orfèvres. M. Lardenois, lieutenant-colonel de la garde municipale, et deux gardes de ce corps étaient avec lui.

Le prince, vêtu d'un paletot de drap blanchâtre, d'un gilet et d'un pantalon d'uniforme, paraissait extrêmement abattu; sa figure, pâle et amaigrie, trahissait, ainsi que son attitude générale, un accablement approchant de la prostration. A peine descendu dans la cour de la Préfecture, il a été conduit par la voie de communication qui existe entre l'hôtel et la Conciergerie, dans la chambre occupée, il y a cinq ans à pareille époque, par Fieschi où il a été déposé sous la garde de trois surveillants dont la consigne est de ne le quitter ni jour ni nuit.

Cette pièce sombre et triste jouit d'une mauvaise réputation parmi les détenus : plusieurs prétendent que, depuis le supplice du meurtrier corse (Fieschi) l'esprit de celui-ci revient parcourir le lieu que son corps a jadis habité; on ajoute même que, dans la nuit qui a précédé celle où le prince Louis en a pris possession, on a entendu des cris étouffés en troubler la paix; que, lorsque le nouveau prisonnier y a fait son entrée, le pavé a été entaché de sang... A toutes les époques extraordinaires de notre histoire on a répandu le bruit de prodiges pareils. Nous savons tous que peu de jours avant la Saint-Barthélemy (24 août 1792), le jeune roi de Navaire, depuis Henri IV, jouant au trictrac avec le duc de Guise, ils virent les dés souillés de sang; on les changea, et ceux que l'on rapporta parurent sanglants encore.

Il paraît que plusieurs postes militaires jusqu'ici confié à la garde municipale viennent de lui être enlevés et remis à la ligne, afin qu'elle puisse être consacrée uniquement au service de la Conciergerie, où, le 14 août, sont arrivés les hommes de l'équipage du bateau à vapeur *la Cité-l'Édimbourg*, au nombre de quinze matelots, y compris un jeune mousse. Ces prisonniers, gardés moins sévèrement, sont venus dans une diligence qui les a amenés de Boulogne : une faible escorte de gendarmerie les accompagnait. Après avoir stationné deux heures à la Conciergerie, ils ont été conduits à Sainte-Pélagie.

Il paraît que le nombre des personnes maintenues en état d'arrestation par suite de l'affaire de Boulogne est beaucoup plus considérable qu'on ne l'a dit jusqu'à présent. On assurait aujourd'hui au Palais que le chiffre des mandats d'arrêt et de dépôt décernés dans cette affaire s'élevait à quatre-vingt-neuf. Sur ce nombre quelques-uns n'auraient pu être mis à exécution, les personnes qui en étaient l'objet ayant pris la fuite. D'autres personnes auraient été mises en liberté après quelques jours de détention préventive. Enfin, il resterait en ce moment sous la main de la justice 76 individus, y compris les hommes d'équipage de *la Cité-d'Édimbourg*.

Le système des inculpés est à peu près uniforme : ils prétendent qu'ils se sont embarqués dans la pensée qu'il s'agissait d'une partie de plaisir et qu'ils allaient à la campagne du prince. C'est seulement au second jour de la traversée que Louis Bonaparte les a réunis sur le pont, leur a fait part de ses projets et leur a lu diverses proclamations qui ont été plus tard distribuées à Boulogne. Ils ajoutent qu'ils étaient trop attachés à *un si excellent maître* pour refuser de le suivre, et qu'ils ont cédé à l'influence morale exercée sur eux.

Le général Montholon prétend aussi avoir ignoré les intentions du prince jusque pendant la traversée. Il n'a pu résister aux sentiments d'affection qu'il porte à la famille impériale. Du reste, sa conduite et sa tenue continuent à être dignes. Il a inspiré beaucoup d'intérêt aux habitants de Boulogne, dont plusieurs l'ont connu autrefois.

Louis Bonaparte est toujours soumis à la même surveillance. Il a repris hier un peu du calme qu'il avait perdu d'abord. Depuis son arrivée à la Conciergerie il n'a subi aucun interrogatoire.

Il paraît qu'en effet tous les hommes qui lui sont attachés voudaient ne pas le quitter ; mais, en revanche, ceux qui maintenant gardent avec tant de sévérité le prince Louis n'ont pas voulu lui permettre d'avoir avec lui son premier valet de chambre. Vainement a-t-il demandé ce fidèle serviteur ; on le lui a refusé et on le lui refuse encore ; ce sont des tortures morales que la magnanimité des nobles cœurs devraient épargner aux prisonniers ; mais les vainqueurs ne savent que répéter : *Væ victis !* (malheur au vaincu). On dirait que ceux qui sont forts font tout ce qu'ils peuvent pour ne pas être grands.

Le prince ne peut tarder à être jugé.

COUR DES PAIRS.

Présidence de M. le chancelier Pasquier.

Séance du 18 août.

A midi et demi la séance est ouverte.

L'assemblée est très-nombreuse ; au milieu de plusieurs sieurs groupes où règnent des conversations animées re-remarque MM. le garde-des-sceaux, comte d'Argout, duc de Broglie, baron Dupin, comte Portalis, comte Molé, baron Mounier et Persil.

Sur l'invitation de M. le chancelier, M. le garde-des-sceaux lui remet l'ordonnance de convocation.

M. le président. M. le ministre de la justice vient de me remettre l'ordonnance dont je vais donner lecture :

Louis-Philippe, roi des Français,

A tous présents et à avenir, salut.

Sur le rapport de notre garde-des-sceaux, ministre secrétaire d'État au département de la justice et des cultes ;

Vu l'article 28 de la Charte constitutionnelle ;

Vu les articles 87, 88, 91, 92, 96, 97, 98 et 99 du Code pénal ;

Attendu que dans la journée du 6 août 1840 un attentat contre la sûreté de l'État a été commis dans la ville de Boulogne-sur-Mer,

Nous avons ordonné et ordonnons ce qui suit :

Article 1er. La Cour des pairs est convoquée.

Les pairs absents de Paris seront tenus de s'y rendre immédiatement, à moins qu'ils ne justifient d'un empêchement légitime.

2. Cette Cour procédera sans délai au jugement des individus qui ont été ou qui seront arrêtés comme auteurs, fauteurs ou complices de l'attentat ci-dessus énoncé.

3 Elle se conformera, pour l'instruction, aux formes qui ont été suivies par elle jusqu'à ce jour.

4. Le sieur Frank-Carré, notre procureur-général près la Cour royale de Paris, remplira les fonctions de notre procureur-général près la Cour des pairs.

Il sera assisté du sieur Boucly, avocat-général près la Cour royale de Paris, faisant les fonctions d'avocat-général et chargé de remplacer le procureur-général en son absence, et des sieurs Nouguier et Glandaz, substituts de notre procureur-général près la Cour royale de Paris, faisant les fonctions de substitut du procureur-général, lesquels composeront notre parquet près a Cour des pairs.

5. Le garde des archives de la Chambre des pairs et son adjoint rempliront les fonctions de greffiers de notre Cour des pairs.

6. Notre garde-des-sceaux, ministre secrétaire d'État au département de la justice et des cultes, est chargé de l'exécution de la présente ordonnance, qui sera insérée au *Bulletin des Lois.*

Donné au palais des Tuileries, le 9 août 1840.

LOUIS-PHILIPPE.

M. le président. La Cour donne acte au ministre du roi de l'ordonnance dont elle vient d'entendre la lecture, et ordonne que il en sera délibéré.

La Cour, par conséquent, va se constituer en audience dience secrète.

La séance publique est levée.

—

Après l'audience publique, la Cour des pairs a entendu, dans son réquisitoire M. le procureur-général nommé par ladite ordonnance.

Sur ce réquisitoire a été rendu l'arrêt dont la teneur suit :

« La Cour des pairs,

« Vu l'ordonnance du roi en date du 9 de ce mois,

« Ouï le procureur-général du roi en ses dires et réquisitions, et après en avoir délibéré,

« Donne acte au procureur-général du dépôt par lui fait sur le bureau de la Cour d'un réquisitoire renfermant plainte contre les auteurs, fauteurs et complices de l'attentat à la sûreté de l'État commis à Boulogne-sur-Mer (département du Pas-de-Calais), le 6 de ce mois ;

« Ordonne que, par M. le chancelier de France, président de la Cour, et par tels de MM. les pairs qu'il lui plaira commettre pour l'assister et le remplacer en cas d'empêchement, il sera sur-le champ procédé à l'instruction du procès ; pour ladite instruction, faite et rapportée, être par le procureur-général requis, et par la Cour statué ce qu'il appartiendra ;

« Ordonne, que dans le cours de ladite instruction, les fonctions attribuées à la chambre du conseil par l'art. 128 du Code d'instruction criminelle seront remplies par M. le celier de France, président de la Cour, celui de MM. les pairs commis par lui pour faire le rapport, et MM. de Bellemare, Besson, de Cambacérès, le vicomte de Caux, le comte Dutaillis, le baron Feutrier, le baron Fréteau de Peny, le comte Heudelet, Odier, Rossi, le chevalier Tarbé de Vauxclairs, Willemain, que la Cour commet à cet effet ; lesquels se conformeront d'ailleurs, pour le mode de procéder, aux dispositions du Code d'instruction criminelle, et ne pourront délibérer s'ils ne sont au nombre de sept au moins ;

« Ordonne que les pièces à conviction, ainsi que les procédures et actes d'instruction déjà faits seront apportés, sans délai, au greffe de la Cour;

« Ordonne que le présent arrêt sera exécuté à la diligence du procureur-général du roi.

« Fait et délibéré au palais de la Cour des Pairs, à Paris, le mardi 18 août 1840, en la chambre du conseil, où siégeaient :

« MM. le baron Pasquier, chancelier de France, président; le duc de Broglie, le comte Lemercier, le duc de Castries, le marquis de Guiche, le marquis de Louvois, le comte Molé, le comte Richard, le baron Séguier, le comte de Noé, le comte de la Roche-Aymon, le duc Decazes, le comte d'Argout, le comte Claraparède, le marquis de Dampierre, le vicomte d'Houdetot, le baron Mounier, le comte Mollien, le marquis de Talhouet, le comte de Germiny, le baron Dubreton, le comte de Bastard, le marquis de Pange, le comte Portalis, le duc de Crillon, le duc de Coigny, le comte Siméon, le comte Roy, le comte Dejean, le comte de Richebourg, le duc Plaisance, le vicomte Dode, le duc de Brancas, le comte de Montalivet, le comte Cholet, le comte Boissy-d'Anglas, le comte Languinais, le duc de la Rochefoucauld, le comte de Ségur-Lamoignon, le duc de Périgord, le comte de Ségur, l'amiral baron Duperré, le comte de Bondy, le baron Davillier, le comte Gilbert de Voisins, le comte Excelmans, le vice-amiral comte Jacob, le comte Pajol, le comte Philippe de Ségur, le comte Perregaux, le baron de Lascours, le comte Roguet, le baron Girod (de l'Ain), le baron Athalin, Aubernon, Bertin de Veaux, Besson, le vicomte de Caux, le comte Dutaillis, le baron de Fréville, Gautier, le comte Heudelet, le comte de Montguiyon, le baron Thenard, le comte Turgot, Villemain, le baron Zangiacomi, le comte de Ham, le comte Bérenger, le comte de Colbert, le comte de Lagrange, le comte Daru, le baron Neigre, le maréchal comte Gérard, le baron Duval, le baron Brayer, Barthe, le comte d'Astorg, le baron Aymard de Cambacérès, le vicomte de Chabot, le comte Corbi heau, le baron Feutrier le baron Freteau de Peny, le comte de Saint-Aignan, le vicomte Siméon, le comte de Lezay-Marnésia, le baron Ledru des Essarts, le comte Rambuteau, le comte d'Alton-Shée, de Bellemare, le marquis d'Andigné de la Blanchaye, le marquis d'Audiffret, le marquis de Belbeuf, le baron de Brigode, Chevandier, le baron Darriule, le baron Dellort, le baron Dupin, le comte Durosnel, le vicomte d'Abancourt, Kératry, le comte d'Audenarde, Odier, le baron Pelet, Périer, le baron Petit, le baron de Schonen, le chevalier Tarbé de Vauxclairs, le baron de Gérando, le baron Rohault de Fleury, Laplagne-Barris, le vicomte de Jessaint, le baron de Saint-Didier, Maillard, le duc de La Force, le baron Dupont-Delporte, le baron Nau de Champlouis, Gay-Lussac, Aubert, le marquis de Boissy, le vicomte de Cavaignac, Cordier, le comte Jules de La Rochefoucauld, le comte Eugène Merlin, Persil, le baron Teste, de Vandeuil, Viennet, Rossi, le comte Pernety, le marquis de Rochambeau, le comte de Montbion.

« Membres de la Cour, assistés de MM. Eugène Cauchy, greffier en chef, et Léon de La Chauvinière, greffier en chef adjoint à la Cour.

En exécution de l'arrêt qui précède, M. le chancelier a délégué pour l'assister dans l'instruction ordonnée par cet arrêt MM. le duc Decazes, le comte Portalis, le baron Girod (de l'Ain), le maréchal comte Gérard, Persil.

www.ingramcontent.com/pod-product-compliance
Lightning Source LLC
Chambersburg PA
CBHW061749050726
47598CB00002B/662